Leben im Dativ

Fröhliche Wissenschaft 173

Hannes Böhringer

Leben im Dativ

Matthes & Seitz Berlin

Inhaltsverzeichnis

Frische Luft

Mit dir fliehst du, *tecum fugis*, schreibt Seneca an Lucilius.[1] Du nimmst den Kummer, die Schwermut mit auf Reisen. – Ich hoffe auf Luftveränderung. – Der stoische Philosoph verreist erst, wenn er sie nicht mehr nötig hat. Hat er Ruhe in sich gefunden, ist er bei sich, kann er überall sein: Weltbürger. Sein Zuhause ist die Welt.

Aber genau das, entgegnet Pascal, gelingt dem Weltmann nicht: bei sich zu sein, ruhig in seinem Zimmer zu bleiben.[2] Darum fahren sie in der Welt herum und richten Unheil an, Kriege, Abenteuer, Entdeckungsreisen, Spiele, Vergnügungen, Zerstreuungen. Sie jagen Bällen nach, die dahin oder dorthin geschossen werden. Bei sich zuhause wären sie allein mit ihrer Misere, die sie nicht aushalten können. Das Elend ist, dass sie abschweifen, herumschweifen, dass sie zerstreut sind, selbst wenn sie sich auf etwas konzentrieren. Ursache der Zerstreuung ist für Pascal der Sündenfall. Seitdem ist nichts mehr richtig in der Welt und im Kopf. Alles läuft schief. Was interessant ist, wird bald langweilig sein. Die Sterne rasen auseinander, die Gedanken auch. Das Weltall ist schrecklich leer.

Was ist richtig, wenn alles schief läuft? Worauf und wonach kann ich mich richten? Zerstreuung, *divertissement*, heißt, sich hierhin und dorthin zu wenden. Ich finde dies und jenes kurios, interessant, spannend, eine Zeit lang sogar richtig. Aber es fesselt mich nur vorübergehend. Bei Gott könnte ich bleiben, aber er verbirgt sich. Wo ist er? Selbst wenn ich wirklich interessiert bei einer Sache bin, kann ich nicht sicher sein, dass ich mich nicht von etwas ablenke, das wichtiger wäre, und dadurch das Entscheidende verfehle. Denn Eigenliebe, Eitelkeit und Einbildung, so Pascal, sind übermächtig. Sie lenken die Richtung ab. So weiß ich nie, ob ich etwas weiß oder mir nur einbilde, etwas zu wissen. Ich weiß gerade so viel, dass ich merke, wie viel ich mir einbilde, dass ich wie im Glücksspiel darauf setzen muss, dass der verborgene Gott doch da ist. Gerade genug Licht, die Dunkelheit dieser Welt zu erkennen.

Ich sitze in meinen vier Wänden, und die Decke fällt mir auf den Kopf. Ich muss raus ins Freie. Aber früher oder später lande ich wieder in irgendeinem Zimmer, einer zu engen Behausung, in der ich es nur kurze Zeit aushalte. Im Beengten und Begrenzten brauche ich wenigstens Abwechslung. Sonst werde ich nervös. Die Zerstreuung lenkt mich ab vom ungestillten Gottverlangen, der Suche nach erfüllter Gegenwart, freiem Himmel, einem Garten, Paradies, in dem alles blüht und duftet und kühles Wasser fließt, sich selbst begrenzende Unbegrenztheit. Wo alles da ist, bin auch ich da und nicht schon wieder unterwegs zu etwas Anderem. Gott aber bleibt ein Rätsel, beunruhigend. Gegen unvermeidbare Übel hatte Epikur Ablenkung geradezu empfohlen.[3] Die alten Philosophen wollten einfach ihre Ruhe haben, stoisch oder epikuräisch.

Warum nur ist Pascal Christ geblieben oder eigentlich erst geworden?, fragt Nietzsche. Warum hat sich dieser große Geist nicht selbst aus dem christlichen Krankenhaus entlassen? Nietzsche wollte »große Gesundheit«, Genesung vom christlichen Heil. Seneca hatte sich in seinem Brief über die Vergeblichkeit des Reisens am Ende auf Epikur berufen: Anfang der Heilung ist Kenntnis der Verfehlung.[4] Nietzsche sitzt in seinem Zimmer und studiert Bücher. Er liest sie wie ein Arzt, der am Atem der Patienten riecht: »schlechte Luft«, abgestandene, stickige Luft aus Kellerlöchern und Hinterzimmern, wo Falschmünzer am Werk sind und uns die Luft zum Leben nehmen.[5] Falschgeld verdreht und verkleinert die Welt. Wir ersticken hier in den Hinterzimmern einer jenseitigen Welt, die uns die Falschmünzer für wahr verkaufen. Sie brauchen die Hinterzimmer für ihre Werkstatt. Da philosophieren sie zwar »mit dem Hammer«, aber heimlich und ohne Kraft. Es fehlt ihnen die frische Luft. In Umlauf bringen sie, dass die Wirklichkeit uns prägt, statt dass wir sie prägen. Darum »Umwertung aller Werte«! Der Anfang der Heilung ist die Untersuchung der schlechten Luft. Dann gelingt es vielleicht, Türen und Fenster zu finden und aufzureißen. Zur gleichen Zeit kamen Sozialmedizin, Stadtplanung und Architektur zu ähnlichen Schlüssen.

Nietzsche ließ sich von der Universität beurlauben. Er hatte Kopfschmerzen und suchte nach guter Luft im Engadin und an der italienischen Riviera. In Genua und Turin fand er sie sogar in der Stadt. Sein Zarathustra geht an der großen Stadt vorüber – ins Gebirge. Er setzt seine Nase nicht den städtischen »Garküchen des Geistes« aus.[6]

Es ist Winter: »Sanctus Januarius«, schreibt Nietzsche scherzhaft.[7] Er spaziert in der klaren Winterluft des Südens in sich hinein: »Vivisektion« seiner selbst, frischer Schmerz als Erkenntnis. Das Medium der Erkenntnis ist frische Luft. Stickige Luft ist tödlich. Leben braucht Geist, freien Geist, und der braucht frische Luft. Die Substanz des Geistes ist Freiheit, heißt es bei Hegel.[8] Nietzsche sah sich als Freigeist, der für andere freie Geister schreibt. Er hat das Krankenhaus verlassen, in dem Pascal geblieben ist. Wer aber, fragt Nietzsche, hält es aus, Gott zu töten, ohne darüber wahnsinnig zu werden? Den tollen Gottesattentäter haucht der leere Raum an.[9] Immerhin haucht er noch wie einstmals Gott. »Es wird kälter.« Das Ende ist entropisch, ein Ende ohne Ende, *posthistoire*. Die Energie hat keine Kraft mehr, sich zu sammeln, sie bleibt zerstreut.

Was weiß ich, was Geist ist? Die Lufthülle der Erde, wie der alte Anaximenes meinte, aus der alles entstanden ist und den Lebewesen Lebenskraft gibt? Etwas Göttliches, Nichtmaterielles oder aus feinstem Stoff? Eine Welt der Ideen, der Mathematik, jenseits der vergänglichen (Platon)? Ein *Je-ne-sais-quoi de divin* (Descartes) in unserem Denken? Rätselhaft, wie Körper und Geist im Menschen zusammenhängen! Wir werden es nie wissen. *Ignoramus et ignorabimus* (du Bois-Reymond). Wie kann ein endliches Wesen ein unendliches begreifen, wie kann es sich selbst als Körper und Geist begreifen?[10]

Der freie Geist fühlt sich stark. Der *esprit libre* ist ein *esprit fort*. Niemand muss für ihn denken. Er denkt selbst. Er folgt keiner Autorität, nicht den üblichen Methoden, er geht seine eigenen Wege, abseits, wenn es sein muss, querfeldein. Nur seiner eigenen Selbstbestimmung unterwirft er sich. Denn das ist die Freiheit des Geistes, sich selbst zu bestimmen. Der Geist denkt sich, wenn er etwas denkt. Der freie Geist hat Selbstbewusstsein, Selbstvertrauen. Aber manchmal verlässt ihn der Mut. Eigensinn macht einsam. Da wünscht er sich Freunde, Verständnis, Anerkennung. Auch der starke Geist wird manchmal schwach. Dann braucht er frische Luft, Aufmunterung, Luft des heiligen Januar (Gennaro), der wie die biblischen Jünglinge[11] wunderbar unversehrt aus einem glühenden Feuerofen herausgekommen sein soll.[12] »In der Glut hauch Kühlung zu!« bittet das alte Kirchenlied »*Veni Sancte Spiritus*«.[13]

Ich denke, also habe ich Geist. Aber ich bin schwach, nicht ganz auf der Höhe. Ich schweife ab, irre herum, komme nicht auf den Punkt, um den es geht, der das Entlegene und Mannigfaltige auf sich versammelt. Witz und Scharfsinn sind dafür nötig. Ich gleite immer wieder ab von der Spitze des Scharfsinns. Der Punkt quillt auf, wird feucht, ein Flecken. Ich rutsche von oben nach unten auf den Erdboden. Der menschliche Geist umfasst Witz und Humor. Die Unterscheidungen sollen gestochen (*punctum*) scharf sein, aber sie verschwimmen. Das Lineare wird malerisch.[14] Der Punkt fängt an zu fließen. Der Scharfsinn sucht die Pointe und kommt nicht drauf. Er kommt ab. Dieses Flüssigwerden des Spitzen, Festen, Genauen ist Humor. Nässe, Saft und Erde stecken in diesem Wort (*humidum*, *humus*). Die Pointe versinkt im Morast. Das ist komisch. Spöttisch-nachsichtiges Gelächter.

Die Stärke des menschlichen Geistes ist es, seine Schwäche zu umfassen. Je mehr er zugespitzt wird zu Scharfsinn, *wit* und *esprit*, desto mehr Humor braucht er. Je mehr die ungefähre Stelle zum Punkt wird, desto schwieriger, sie zu treffen. Wenn er aber ausnahmsweise getroffen ist, fängt er an, sich zu bewegen: ein springender, hüpfender, tanzender Punkt: *punctum saliens*. Im Vogelei, schreibt Aristoteles, wandert das Eigelb in die Spitze, den Ursprung (*arché*) und beginnt, als Herz zu pulsieren. Das ist der springende Punkt, der »Ursprung« neuen Lebens. Das Eigelb bleibt tot, wenn die Spitze, das Herz, nicht anfängt zu hüpfen. Das neue Leben muss aus der Schale heraus, braucht Anregung, Widerstand, Bewegungsfreiheit. Aber das alles wäre nichts ohne frische Luft.

Aus der Schale des Vor-sich-hin-träumens bricht die Zuwendung zu Personen hervor, das Mit- und Gegeneinander. Pascal unterhält sich mit Epiktet – er meint Descartes – und Montaigne, mit dem Dogmatiker und Skeptiker, er streitet mit den Jesuiten. Nietzsche ringt mit Sokrates und Christus und hadert mit Platon, Paulus und Pascal. Immer wieder muss er einfach nach draußen ins Freie. Das Streiten ermöglicht die Zuspitzung zu Thesen und Antithesen. Die aber müssen doch – lustig, komisch, paradox – flüssig sein. Letztlich kommt es weniger auf Behauptungen als auf Betonungen, Feinheiten und Nuancen an, in denen die gleitenden Übergänge von Rede und Widerrede erkennbar werden. Das Hin und Her bringt Witz hervor, fordert Esprit, Geist, Herz und Humor, Gehör, Geschmack und Geruchssinn.

Frische Luft ist kühl, Morgenluft, Tau unter den Fußsohlen, Tautropfen auf den Blättern. *Dulce refrigerium*: süße Kühlung, nennt das Kirchenlied den heiligen Geist. Er kühlt die Glut des Eifers, der Wut. Frische Luft erregt nicht, sie regt an, führt fort, führt weiter und verzehrt sich nicht selbst wie das Feuer. Beginen, Chiliasten, Pfingstler, Täufer fühlten sich als freie Geister.[15] Geisterfüllt, eins mit Gott, glaubten sie, die Schranken von Gesetz und Gebot hinter sich gelassen zu haben. In der Zeit der Aufklärung wendet sich die Freigeisterei gegen die Religion als solche, sie knechte und vergifte die Menschen. Zu diesen freien Geistern zählte Nietzsche sich selbst und seine Leser.

Während Dogmatiker den Geist in einem System vernünftiger Sätze einschließen wollen, versuchen die freien Geister, ihn an ihre Gruppe zu binden. Beides geht schief. Man kann nur lüften und hoffen, dass frische Luft hereinkommt. Eigentlich findet sie überall Lücken in der Argumentation, Fugen und Fehler in der Abdichtung, durch die sie eindringt und nicht unbedingt die inspiriert, welche sich als freie Geister fühlen.

Nietzsche und Pascal verstehen etwas vom Gewicht der Luft, vom *esprit de la finesse*, vom *presque-rien*. Ein Hauch entscheidet, ob ich jemanden riechen oder mit einem Kunstwerk etwas anfangen kann. Ein Hauch facht das Feuer an und bläst es aus. Ein Hauch entscheidet über Krieg und Frieden, wenn die Mächtigen dieser Welt zusammenkommen. Eine unglückliche Geste, ein missverständliches Wort. Um ein Haar hätten die Waffen gesprochen. An einem seidenen Faden hängt der glückliche Ausgang. Ein Luftzug, fast nichts, führt zu der winzigen Abweichung (*clinamen*) der Atome, die Lukrez beschreibt.[16] Eine minimale Ablenkung, und alles läuft so schief, dass eine neue Welt entsteht. Fast nichts ist nicht zu kontrollieren. Fast nichts ist frei.

Frisch gestrichen oder frisch verliebt heißt gerade erst geschehen, jüngst, neulich. Frisch ist jung und neu, jetzt. Die Farbe glänzt noch, sie ist noch feucht. Die Verliebten strahlen. Der Glanz des Neuen, seine Ausstrahlung, ist unwiderstehlich: Kinder, Jugend, Frühling, Mode, die neueste Technik. Die Macht des Neuen ist weltumstürzend. Alles verwandelt sich ihm an. Eine Neuzeit bricht an. Die Zeit steht still: Gegenwart, *nunc stans*. Das Neue verspricht Präsenz, Geistesgegenwart. Das Alte ist vergangen oder selbst erfrischt und aufgehoben im Neuen, getauft, eingetaucht in klares, kühles Wasser.

Das Neue stürzt die Welt um und erfasst mit Macht mein Leben. Jetzt erst sehe ich, wie grau es bisher war. Das Neue ist bis in die profane Alltäglichkeit hinein eine religiöse Kategorie: Ich habe mir neue Sachen gekauft, mich neu eingekleidet.

Ich fühle mich wie neugeboren. Für eine Weile wenigstens habe ich den neuen Menschen übergestreift.[17] In einer Villa von Richard Neutra kann ich mich der Modernität dieser neuen Welt einfach nicht entziehen. Ich höre neue Musik. Ihre Klänge erfüllen mein Leben.

Das Ereignis des Neuen vergeht nicht. Die Dinge altern, verlieren ihren Glanz. Man muss historisch rekonstruieren, was ihr springender Punkt war. Sie reflektierten einen Zeitgeist, der entwichen ist. Manche Dinge aber strahlen nicht nur ab, sondern sammeln und halten irgendwie den Geist. Es ist fast nichts, aber sie behalten ein gewisses Etwas (*je-ne-sais-quoi*, *nescio quid*), das immer wieder aufs Neue aufblitzt, strahlt und glänzt.

Dieses Ich-weiß-nicht-was-es-ist – neu, modern, Geist, frische Luft – ist eine Macht. Wenn man sich ihrer bemächtigen könnte! Doch der Geist weht, wo er will.[18] Wie könnte man die frische Luft einsperren und funktionalisieren? Staaten, Kirchen, Universitäten, Industrien versuchen es. Aber frische Luft kommt immer nur von außen herein. Man kann bloß Fenster und Türen aufsperren. Oder man stellt einen Ersatz her. Damit aber wird aus einem Geschehen und glücklichen Gelingen ein kontrolliertes Machen, Arbeit.

Der Geist muss sich aus seinem Außersichsein, aus der Natur, herausarbeiten, indem er an sich selbst, an seinem Begriff, arbeitet, meint

Hegel. So erst kommt er zu sich selbst, zum Bewusstsein seiner Freiheit. Das dauert. Aus dem frischen Hereinwehen des Geistes wird ein mühsamer Fortschritt durch die Weltgeschichte zur Freiheit. Saint-Simon wird darüber ungeduldig: Eine schlagfertige Avantgarde soll an der Spitze des Fortschritts marschieren, Unternehmer, Ingenieure, Künstler, um den Heerzug der trägen Gesellschaft in das neue Zeitalter der Freiheit zu führen.[19]

Das Ich-weiß-nicht-was Neue, Geistige, Frische wird in die Vorstellung von Schritten, Etappen eines Voranschreitens zerdehnt. Dieser Fortschritt wiederum muss sicherheitshalber angeführt, gezogen und von vorn freigekämpft werden. Doch die neuen Maschinen bringen nicht nur Freiheit, sondern auch neue Abhängigkeit. In der Militarisierung und Industrialisierung des Neuen bildet die Kunst die Nachhut der Avantgarden, das Nachdenken, die Reflexion des Neuen. Technik und Wissenschaft überholen sich ständig in ihrem Fortschritt. Was sie achtlos hinter sich lassen, fällt in die Obhut der Künste.

Die Frische ist industriell besetzt und ersetzt worden. Lebensmittel-, Textil-, Waschmittel-, Körperpflege- und Gesundheitsindustrie versprechen Jugend, Coolness, Glanz, Schönheit, Unwiderstehlichkeit, Erfolg: Heil. Kühlung und Aromatisierung sollen das Gefühl von Frische hervorrufen. Der zeitlichen Dehnung des Neuen in der Geschichtsphilosophie entspricht die industrielle Dehnung des Frischen im Kühlschrank. Er konserviert und soll haltbar machen, was frisch hineingetan wurde. Die Frische selbst aber ist nicht zu halten. Und die Kühlung geht auf Kosten des Duftes.

Damit die Klimaanlage funktioniert, darf keine Luft von außen in den Raum dringen. Fenster und Türen müssen geschlossen sein. Kühlschränke überall: Großraumbüros, Supermärkte, Boutiquen, Museen, alles thermostatisch kühl. Die klimatisierten Räume haben genug Sauerstoff. Die Luft ist nicht stickig, die Stimmung nicht lebendig. Sauerstoff, Oxygenium, »das, was Spitzes, Scharfes generiert«, erzeugt von sich aus keinen Scharfsinn. In klimatisierten Räumen wird verwaltet, was frisch war. Die Spitze aber muss tanzen. Nur so kann sie auch stolpern und lachend ausrutschen.[20]

Geist ist die Fähigkeit, eine Sache, einen Sachverhalt, auf den Punkt zu bringen. Was in der materiellen Welt auseinander liegt, wird von ihm in eins gesetzt. Extensität wird Intensität. Der Punkt fängt an zu hüpfen. Die alte Metaphysik des Geistes einer jenseitigen, immateriellen Welt trifft sich mit der Embryologie, einer Anthropologie des Freigeistes und der Poetik des Künstlers. *Nous* und *Pneuma* verbinden sich mit Esprit, Witz und Herz. Das Oxygen bringt Leben hervor. Der Esprit ist ingeniös. Er erfindet, er findet etwas Neues. Der Freigeist sitzt in seinem Zimmer mit geöffneten Fenstern und Türen in der Zugluft. Was aber, wenn er nicht mehr ins Freie treten kann, weil Fenster und Türen verrammelt sind? Hoffentlich sind die Wände nicht ganz dicht. Es genügt eine unscheinbare poröse Stelle, genug für ein bisschen frische Luft von außen. Fast nichts ist schon genug.

Es reicht vielleicht nicht dazu, die Frische zu spüren, aber von ihr ein wenig belebt zu werden, etwas interessant und spannend zu finden. Interessant ist dies und jenes und immer nur vorübergehend. Das Interesse ist launisch. Das Interessante, schreibt Schlegel, ist auf das Picante, Frappante und Choquante angewiesen, verbraucht sich darum unaufhörlich und muss immer wieder von etwas anderem, Neuem, Interessantem, ersetzt werden.[21] Dieses Interesse ist die Neugier der Zerstreuung. Aber natürlich und notgedrungen interessiert sich ein jeder mit Recht zuvörderst für sich selbst, seine Selbsterhaltung, sein Fortkommen und zugleich für Sachen und Sachverhalte jenseits des Eigeninteresses, für Vögel, Steine, Grammatik oder Gleichungen. Gerade weil ich über solche Sachen meinen Eigennutz vergesse, regen sie mich an und bilden mich.

Alle Welt redet auf mich ein, was mein Interesse und was von allgemeinem Interesse sei.

Interessen werden gelenkt, schaukeln sich auf und verebben, halten dem Ernst der Wirklichkeit stand oder fallen vor ihm zusammen. Interessen reißen mich mit. Was aber interessiert mich an ihnen wirklich außer der Ablenkung? Wo bin ich selbst dabei? Allgemeine Interessen betreffen das Gemeinwohl und -wesen. Sie bilden einen gemeinsamen Raum zum Ausgleich von Gewinn und Verlust (Interesse = Zins) für alle in ihm Involvierten.

Da bin ich und bin dabei, ich bin interessiert. Das Interesse fängt, spannt und wickelt mich ein. Ich bin gespannt, wie die Sache sich entwickelt. Ich finde sie spannend. Die Anspannung richtet sich auf einen äußeren Gegenstand der Aufmerksamkeit und auf mich selbst, mein Eigeninteresse. Es ist lästig, aber überall muss ich mich behaupten, beweisen, durchsetzen, eine gute Figur abgeben. Das ist anstrengend und führt zur Verspannung. Der Krampf soll sich lösen, ohne dass die Spannung nachlässt. Die Saiten müssen so gespannt sein, dass sie klingen. Interesse und Spannung zielen auf Zuspitzung, die Spitze des Lebens, Geist.

Vor einem Kunstwerk sagt man oft gedankenlos, man finde es interessant und spannend. Das ist nicht falsch. Denn es spannt ein Zelt (*tentum, tent*) auf, einen gemeinsamen Raum mit den am Kunstwerk Interessierten. Es ist so verspannt, dass es selbsttragend in sich stehen kann, und zieht die Aufmerksamkeit in die Konstruktion seiner Spannung hinein. Es lockt die Leute in sein Zelt, indem es sich selbst intendiert.

Alles richtet und spannt sich nach etwas Anderem aus. Hier spannt sich etwas in sich selbst ein und richtet sich aus dieser Innerlichkeit nach außen. Das Kunstwerk scheint ein Gegenstand wie andere Gegenstände zu sein, ausgespannt in Zeit und Raum, *res extensa*, doch es bringt Situation, Material und Konzeption auf einen Punkt, *res intensa*. Das Kunstwerk ist ein Subjekt.

Dann kommt von irgendwoher eine frische Brise, und der Punkt fängt an zu hüpfen. Das Zelt fliegt um. Umgeworfen wird es zu einem Boot: *overturned tent*,[22] das davonsegelt, mit allen an Bord, die gespannt in das Zelt gekrochen waren. Die Prätention des Kunstwerks verflüchtigt sich. Man kommt gemeinsam in Fahrt, zum Nach- und Weiterdenken. Die Kunst trägt uns über sich hinaus.

Merke ich noch, was fehlt, wenn ich mich an den Mangel gewöhnt habe? Der Anfang der Abhilfe ist die Erkenntnis des Fehlers. Wie abgestanden die Luft war, spürt man erst, wenn frischer Wind hereinkommt. Die Kühltechnik täuscht über den Verlust von Frische hinweg. Die Technik soll die große Erfrischung verschaffen, Wiedergeburt in Neuheit und Jugend (pagane Jugend, keine biblische Kindheit). Doch der industrialisierte Raum ist geschlossen. Darum müssen zur Kühlung Filtrierung (Abgastechnik, Sprachzensur, *political correctness*) und Abwechslung hinzukommen, rasch wechselnde Moden, ablaufende Fristen der Haltbarkeit, Obsoleszenz und Konsum.

Nietzsche verlangte es nach frischer Luft, nach draußen ins Freie. Doch: mit dir fliehst du! Auch das Jenseits von hier drinnen stellst du dir als ein Drinnensein vor, nur etwas anders, weiträumiger, weniger zerstreut, wesentlicher. Gut möglich, dass die frische Luft eine verführerische, aber verfehlte Analogie ist. Wir riechen den Feinstaub nicht. Und doch passiert es, dass ein kaum veränderter Tonfall (Ton, *tonos*, Spannung), fast nichts, frischen Wind in die Segel bläst und alles, was vorher interessant war, mit einem Schlag trocken, eng und ängstlich erscheinen lässt. Die Frische, ein gewisser Saft, schreibt Cicero,[23] hatte gefehlt, kein parfümierter Fruchtsaft, Quellwasser wie frische Luft, würzig, der Geschmack von fast nichts.[24] Aber auch darüber kann ich mich noch täuschen. Wenn alles dicht ist, kommt frische Luft vielleicht nur durch die Einbildung herein. Auch das ist eine Lücke. Hegel hatte sich eingebildet, dass die Natur das Außersichsein, die Zerstreutheit, eine immense Ausstülpung des Geistes sei, eines sich selbst bewegenden Punktes. Der springt auf und knallt. Nachhall bis heute.

Bleiben kann man nur, wenn man die Freiheit hat zu gehen. Weltbürger kann ich nur sein, wenn ich aus der Welt ausreisen darf. Das aber war Stoikern wie Seneca noch im Freitod verwehrt. Pascal konnte noch die Fenster aufreißen in seinem Krankenzimmer. Ein Jenseits entwerte das Diesseits, monierte Nietzsche. Aber auch er brauchte ein Jenseits von Gut und Böse, von Zeitgemäßheit, um Abstand zu gewinnen, um hier aushalten zu können: »Pathos der Distanz«. Wenn auf die Dauer in schlechter Luft die Begriffe so verrußt sind, dass sie als ganze weggefiltert werden müssen, wohin mit diesem strahlenden Material im Endlager des Diesseits? Manchmal bleiben die Bilder im Inneren der Begriffe intakt und tragen weiter, mit etwas Wind in den Segeln.

Ich kann nicht gehen und nicht bleiben, kann meine Immanenz nicht transzendieren. Wenn ich gehe, schleppe ich als Gepäck mich mit. Ich komme nicht los von mir, bleibe in meinem Gehäuse. Aber ich bleibe nicht ruhig, sondern fahrig, wende mich hierhin und dorthin.[25] Atme ich hingegen frische Luft, springe ich fort und hüpfe auf der Stelle, kann bleiben wie gehen. So viel kommt mir in den Sinn und bewegt mich. Zusammen mit der abgestandenen Luft hat das Interessante und Spannende sich verflüchtigt.

Frisch ist alles da, unsentimental, ungefiltert, lebendig, Schrecken, Schmerz wie Glück.

Es passiert einfach. Der Witz dabei ist, dass die frische Luft – woher auch sonst? Nichts Besonderes – von draußen kommt. Gott sei Dank sind die Wände undicht.

einfach

Immer steht etwas im Weg. Immer muss ich ausweichen, Umwege machen. Sonst stoße ich mit einem Hindernis zusammen, bleibe stecken und komme nicht weiter. Die Umwege führen zu immer neuen Umwegen. Überall steht etwas im Weg. Ich komme immer weiter ab. Wo will ich überhaupt hin?

Alles ist umständlich, mit Umständen verbunden. Auf alles Mögliche muss ich Rücksicht nehmen, muss klug und höflich sein. Aber wenn ich alles umkurve, verliere ich die Richtung, weiß nicht mehr, was richtig ist. Ich selbst werde umständlich.

Fang' einfach an!

Einfach ist in diesem Satz Adverb, ein Umstandswort. Auf welche Weise soll ich anfangen? Wird das Wort einfach betont, bin ich aufgefordert, mit dem Einfachen zu beginnen und dann erst zu dem Schwereren überzugehen. Wird das Anfangen betont, heißt das: Bitte keine Umständlichkeiten, fang' an und komm gleich zur Sache! Als Umstandswort bedeutet einfach, in bestimmten Umständen keine Umstände zu machen.

Menschen handeln, haben Ziele. Sie gehen auf etwas zu. Ihre Lage ist nicht unabänderlich, im Blick auf ein Ziel nur ein Umstand (*peristasis, circumstantia*), mit dem man zu rechnen hat, um das Ziel zu erreichen. Umstände umstellen die Menschen, aber legen sie nicht fest, nehmen sie nicht gefangen. Umstände sind widrig oder günstig für ein Handlungsziel. Man kann sie ausnutzen, umgehen, überwinden, beseitigen, aber auch an ihnen scheitern.

Menschen denken über ihre Lage hinaus auf ein Ziel hin. So brechen sie die Lage auf und schaffen Situationen, die sie auf ihr Ziel hin verändern oder verlassen wollen. Dann aber geraten sie sofort in die nächste Situation. Ohne Umstände sind sie nie.

Ein besonderer Umstand ist der Anfang. Wie kann ich einen Anfang finden, wenn jeder Anfang seine Vorgeschichten hat? Ich muss ihn setzen und rechtfertigen. Wie aber komme ich dann jemals aus den Umständen heraus? Ich verfange mich in Begründungen, gehe rückwärts statt nach vorn. Jeder Anfang verlangt Mut. Deshalb ist es nicht leicht, einfach anzufangen. Doch der Anfang ist nicht das Ende. Nachträglich wird schon klar, warum ich so und nicht anders angefangen habe. Oder aber: Ich muss einfach irgendwo anfangen, um im weiteren Verlauf überhaupt erst herauszufinden, worauf ich aus war.

Wie aber geht es weiter? Bin ich auf dem richtigen Weg? Der Mut erlahmt. Zweifel, Fragen. Gehen Sie einfach immer weiter geradeaus! Auch hier ist einfach ein Umstandswort, das Umstandslosigkeit empfiehlt: Gehen Sie unbeirrt geradeaus! Sie werden schon richtig ankommen. Einfach ist der Weg, einfach die Beschreibung. Keine Umschweife, kein rechts und links, nichts weiter als geradeaus gehen.

Folgen Sie einfach dem Straßenverlauf! Der Weg ist kurvig und umständlich, aber die Beschreibung einfach. Dadurch verlieren die Umstände an Gewicht. Sie sind leicht zu meistern. Nur oder bloß können hier für einfach stehen.

Zu den äußeren Umständen kommen die inneren: Unsicherheit, Verwirrung, Ermüdung, Hunger. Ich brauche einfach etwas Zeit, bis ich den Mut habe, jemanden nach dem Weg zu fragen. Ganz umstandslos, sagt hier das Umstandswort einfach, geht es doch nicht. Ich brauche nicht lange, aber etwas Zeit schon, bis ich den Mut habe, einen Unbekannten anzusprechen. Nach dem Essen brauche ich einfach einen Kaffee! Ich verlange nicht viel, nur wenig, fast nichts, aber doch ein Minimum, wenigstens eine Tasse Kaffee. Die Blöße der Einfachheit ist kein reines Nichts, nur ein Fastnichts.

Wir kommen aus den Umständen einfach nicht heraus. Umstandslos zur Sache zu kommen heißt nur, sich so wenig wie möglich an den

Umständen aufzuhalten, jede Umständlichkeit zu meiden. Ein Minimum fordern die Umstände auch dem Einfachen ab. Sein Umstand steckt im Nur, Wenigstens und Lediglich. Ein Rest von Umständlichkeit bleibt, aber die Hauptschwierigkeit des Einfachen ist die Freiheit, nachdem es die Umstände auf ein Fastnichts verringert hat. Geh' einfach, wohin Du willst! Du wirst schon irgendwo ankommen.

Ich handle unter Umständen. Handelnd versuche ich, sie zu verändern, zu umgehen, zu überwinden. Doch das gelingt nicht immer. Ich verheddere mich immer mehr in bestimmten Umständen und komme aus ihnen nicht mehr heraus. Ich sitze in der Falle.

Ein altes Wort für Falle ist Fach. Fächer aus Flechtwerk wurden in Flüssen ausgelegt, um Fische zu fangen. Fach ist eine Ummantelung, Ummauerung wie auch der Zwischenraum, den sie lässt, die Lücke, die durch Fachwerk gefüllt werden kann. Im Inneren von Schränken finden sich Lücken, Zwischenräume, Abteilungen, die zur Aufbewahrung von Gegenständen dienen, Schubfächer.

Einfach ist ein Fach, nicht weiter unterteilt. Ärmliche Verhältnisse. Die Leute, die da wohnen, haben nur einen Raum, besitzen aber das Nötigste: Herd, Bett, Tisch, Stuhl, Truhe, keine gänzliche Blöße, bloß das Nötigste. Aber das immerhin ist unter Dach und Fach. Dem einfachen Leben fehlen die Umstände des Wohlstands. Das einfache Leben ist roh oder fein, je nachdem, ob man darin keine Umstände macht.

Schließlich verbindet sich Fach mit Falte. Fach konnte früher auch ein Stück Stoff bedeuten. Einfach ist einfältig. Die Falten bauschen ein Kleid auf, schaffen Raum. Durch Faltung wird die Fläche räumlich. Fach und Falte schaffen Zwischenräume. Aus der Falle werden auf diese Weise Umstände, die man nutzen, meiden oder überwinden kann. Bewegungsfreiheit ist entstanden.

Die Falte bestimmt das Bild des Einfachen im Griechischen und Lateinischen (*haplous*, *simplex*). Die Vielfalt der Erscheinungen wird aus einer Falte entfaltet oder in eine Falte zusammengefaltet. Das ist der minimale Umstand der Einfalt. Sie ist nicht zu blöd, das Komplizierte zu erfassen, wie der heutige Sprachgebrauch nahelegt, sondern gerade ihr gelingt die Komplikation (Zusammenfaltung) des Vielfältigen in einer Falte.

Die Einfalt ist darum selten, das Einfache einsam. Die Endung -sam (genügsam, furchtsam, einsam) spricht eine Neigung aus. Das Einfache hat einen Hang zum Einen, zu der einen Falte, die alles einfaltet und entfaltet. Eins ist die erste Zahl, ein ist eine Präposition mit der Bedeutung von hinein in ein Drinnen (eintreten, einstimmen). Das Einfache sucht das eine Fach, die eine Falte als ein Drinnen, um dort im Prinzip alles beisammen zu finden. Aus diesem Umstand kommt die Einfalt immer wieder mühelos heraus und expliziert, erklärt sich. Die Erklärung ist klar und einfach. Für das Einfache und Einfältige ist das Fach keine Falle, sondern Ausweg und Lösung, Flucht (Plotin).

Die Komplikation des Anfangs ruft die Philosophie hervor. Alle anderen sind froh, der Falle des Anfangs entronnen zu sein, die Philosophen machen den Anfang, die Ursache, den Grund, zu ihrem Fach. Sie suchen die Ursache dessen, was ist. Das, was ich sehen und erkennen kann, ziehe ich zu einem Etwas zusammen, das eins ist und in sich zusammenhängend trotz seiner Vielteiligkeit. Ich sehe einen Tisch und nicht viele Holzstücke. Die Philosophie ist einsam. Sie liebt die Weisheit und die das Eine.

Die Eins ist keine Zahl wie jede andere. Ist sie überhaupt eine Zahl oder nicht vielmehr der grundlegende (also doch unveränderliche) Umstand, unter dem wir alles wahrnehmen und erkennen? Das Eine, Zusammenhängende (Parmenides fr. 8, 6) ist das Fach, in dem alles ist, das Fach, das nichts ausschließt (außer eben das Nichts), der universelle Umstand dessen, was ist.

Wo finde ich das Einfache: in den letzten, unteilbaren Bestandteilen der Dinge, in den Atomen? Ich teile die Teile und komme an kein Ende. Die Teile werden nicht einfach. Das Fach muss jenseits der materiellen Welt, der Umstände von Raum und Zeit sein. Aber auch wenn ich es nur denke, entzieht es sich. Denn da ist immer noch Zweiheit, die Unterscheidung von Denkendem und Gedachtem, die Vielheit der Teile. Das Einfache ist einsam, es will in das Eine eingelassen werden. Doch es kommt nicht ganz hinein. Es hat und ist das Eine immer nur im Anderen, Miteinander.

Das Fach des Einen ist ungeschützt. Denker und Herrscher wollen sich seiner bemächtigen. Doch es widersteht der Gewalt, widersetzt sich der Vereinnahmung. Gewalt verschärft den Umstand zum Widerstand. Statt Einheit entstehen Zweiheit, Vielheit. Die Macht des Einfachen ist Musik. Doch in Dienst genommen verschwindet sie. Das Fach des Einen muss als Tanzplatz gedacht werden, schreibt Plotin (»Das Gute« VI 9, 59), als Chor, als Reigen. Der Chor ist Tanz, Gesang und Raum in einem. Das eine entsteht aus dem anderen. Der Gesang fährt in die Glieder. Die lösen sich, beginnen zu tanzen und erweitern den Raum zum Spielraum. Lösung und Einigung.

Das Einfache ist also ekstatisch. Es glückt, wenn es mir gelingt, aus den Umständen meiner selbst herauszukommen. Eine Weise, aus sich herauszugehen, ist schon das Handeln. Ich verstecke mich nicht hinter den Umständen, sondern komme aus ihnen hervor und gebe mir dadurch eine Blöße. Ich riskiere die Ärmlichkeit und Naivität des Anfangs.

Handeln braucht Urteilskraft. Der Handelnde muss unterscheiden und entscheiden können. Dieses Vermögen der trefflichen Unterscheidung hieß früher Bescheidenheit (*sophrosyne*, *phronesis*, *iudicium*, *modestia*, *moderatio*, *temperantia*, vor allem aber *discretio*). Indem sie zugleich mit ihrer eigenen Schwäche rechnet, gewinnt sie die Bedeutung, die heute von ihr übriggeblieben ist. Bescheidenheit ist die Weisheit des Einfachen.

Die Bescheidenheit weiß zu unterscheiden, was sie braucht und was sie lassen kann. Sie begnügt sich mit Wenigem, aber darin findet sie alles, was sie liebt, die Reichhaltigkeit des Einfachen. Sie braucht nicht viel, eigentlich nur eins. So fällt es ihr leicht, das Maß, das Angemessene und ihr Zuträgliche zu finden. Sie ist genügsam und sparsam, schont ihr Weniges und macht kein Aufheben von sich. In einer Welt der Umständlichkeit und der Raffinesse erscheint sie darum einfältig. Sie scheint so, wie sie ist. Ihre Weisheit hat die Raffinesse der versteckten Absichten hinter sich gelassen und verblüfft durch Offenheit, nimmt durch Unumwundenheit ein.

Im Schubfach der Einfachheit liegt ihre Tugend, die Bescheidenheit. Doch das Fach ist eng. Die Tugend kämpft gegen ihre Laster. In die Bescheidenheit schleichen sich Hochmut und Neid ein, in die Sparsamkeit Geiz und Verbitterung. Die Mäßigung droht, Unbefangenheit und Freude am Überschwang zu ersticken. Die Tugend ist mühsam, sie neigt zur Schwerfälligkeit. Die Ekstase des Handelns reicht nicht hin. Das enge Fach muss Tanzplatz werden, die Tugend leichtfüßig: Kunst.

Einfach heißt arm, wenig, nicht viel. Einfach im Kreis herumzugehen, verlangt nicht viel: nur im Kreis herumgehen, nichts weiter. Das ist nicht schwer. Das ist leicht. Einfach ist leicht. Aber es fällt nicht leicht, einfach zu sein. Die Schwierigkeit des Einfachen besteht darin, dass es Leichtigkeit verlangt. Leicht werden die Bewegungen beim Tanzen und Singen. Die Kunst kaschiert ihre Anstrengung, verflüchtigt die Mühsal ihrer Hervorbringung. Gewicht bekommt sie durch Leichtigkeit. Das Komplizierte wird einfach und gewinnt dabei noch an Komplexität. In der Reduktion auf Weniges, am besten auf Eines, wird sie überhaupt erst sichtbar. Der Knoten löst sich, der Schwulst wird schlank, das Schwere leicht, das Umständliche einfach. Ein Falter fliegt davon.

Leichtigkeit adelt das Einfache. Es ist nicht arm, vielmehr edel, elegant. Mathematiker und Physiker bewundern die verblüffend einfache Lösung, frei von aller Umständlichkeit, und nennen sie elegant. Mit der Eleganz steigt die Einfachheit aus ihren ärmlichen Verhältnissen in die Gesellschaft auf. Sie wird chic und teuer. Eleganz ist einfach schön, aber auch heikel. Soziale Abgrenzung und Statusbewusstsein beschweren sie, machen sie steif. Was leicht ist, braucht keine Umstände, keine sozialen Hürden zu scheuen. Es kommt mühelos über sie hinweg, an ihnen vorbei, durch sie hindurch. Das Eine wird dann erst einfach, wenn es die weitesten und engsten Umstände, das Erhabene und das Triviale, Metaphysik und Alltag, in eins elegant zusammenfasst, aufhebt und leicht macht.

Das Leichte braucht Schwung, Überschwang und keine Kraft. Es ist sparsam, drängt sich nicht auf. Seine Zurückhaltung ist unangestrengt. Das Einfache wird leicht, wenn es sich nicht mehr wichtig nimmt: Bescheidenheit. Was einfach ist, gibt sich erst auf den zweiten Blick zu erkennen. Aber dann muss es bestehen. Das Komplizierte versteckt sich hinter Umständlichkeit. Das Einfache liegt klar und offen zutage. Ist es wirklich einfach, oder täuscht es sich nur vor? Hat es sich seine Einfachheit leicht gemacht, indem es alles Schwierige von sich ausschloss? Oder hat es alles zusammen zum Tanzen gebracht und Einstimmigkeit anklingen lassen (*harmonia mundi*)?

In der Einfachheit steckt Mut. Der ist nötig, um sich über Umstände einfach hinwegzusetzen. Die Umstände sind das Übliche, Gewohnheiten, Regeln, Etikette, Konventionen, alles das, was fraglos und fortwährend mitgeschleppt wird. Diese Umstände können nicht ohne Weiteres beseitigt werden. Die Einfachheit aber hat den Mut, sie zu vernachlässigen, sie nicht so wichtig zu nehmen. Nur so kann sie mit neuen Lösungen und eleganten Abkürzungen überraschen. Und jeder fragt sich verwundert, wieso man nicht früher darauf gekommen war. Die Einfachheit beendet das Hin und Her der Reden und Einwände durch Evidenz.

Diese Nachlässigkeit ist die Lässigkeit des Einfachen, leicht gewordene Gelassenheit. Die Umstände verschwinden nicht, aber verlieren an Gewicht und werden mühelos ins Spiel der Einfachheit miteinbezogen. Die Umstände verlieren ihre Widerständigkeit. Das Einfache stößt sich nicht an ihnen, es echauffiert sich nicht. Es ist nonchalant, lässig, leicht, ungezwungen, selbstbewusst und charmant. Es ist frei.

Die Einfachheit hat sich in einem Fach eingerichtet. Sie vernachlässigt die Unterteilungen in verschiedene Fächer, Räume oder Klassen wie Philosophie oder Mathematik, Wissenschaft oder Kunst, Kunst oder Design, Philosophie oder Dichtung, billig oder kostbar, edel oder arm, Kunst oder Natur. Einfach ist einsam. Die Einfachheit liebt ein Fach. Die Zwischenwände können vernachlässigt werden. Soziale Unterschiede werden unerheblich. Am Ende verzichtet das Einfache darauf, etwas

Besonderes zu sein. Es fühlt sich von der Unscheinbarkeit angezogen. Seine höchste Kunst ist das Ungekünstelte, die Nonchalance gegen sich selbst. Da ist das Einfache natürlich geworden.

Wie aber kann das geschehen: zurück zur Natur? Wie kann ich Spontaneität, Natürlichkeit, Naivität zurückgewinnen, wenn ich sie durch Reflexion und Selbstbewusstsein unwiederbringlich verloren habe? Durch göttliche Gunst und Gnade: *charis*, *gratia*. Nur so wird aus einem Fach ein Tanzplatz. Nur so gewinnt Einfachheit Grazie. Und Mut verliert sich in Anmut.

Wenn die drei Momente der Einfachheit zusammenkommen: Einsamkeit, Bescheidenheit und Leichtigkeit, dann ist das Einfache von höchster Klasse: klassisch. *Classicus* war ein Bürger der höchsten Steuerklasse. Einsam ist das Einfache selten. Gewöhnlich dominiert die Umständlichkeit und verdächtigt das Einfache der Naivität oder Brutalität. Doch es ist nur lässig und natürlich geworden. Einsam ist das Einfache Ausnahme und Vorbild in einem: klassisch. So ist es kein Zufall, dass der Begriff der Einfachheit im Umfeld des Klassischen auftaucht. Der (barocke) Schwulst wird schlank, das Schwere leicht, das Umständliche klar und einfach, egal ob man sich dabei auf Griechenland, Afrika oder die Südsee bezieht.

Das Einfache ist schlicht. Sein Vorbild schlichtet, stiftet Frieden. Die Widrigkeiten der Umstände lösen sich auf und wenden sich ins Günstige. Einfach anzufangen heißt, wenigstens den Anfang wagen. Alles Weitere wird auf später verschoben. So aber bleibt die Einfachheit oft irgendwo stecken. Dann wird alles noch viel vertrackter. Denn die aufgeschobenen, umgangenen Schwierigkeiten kommen zurück. Deshalb zeigt sich das Einfache erst am Ende, als Ziel, als Vollendung.

Das Ende ist die Lösung. Sie zeigt sich darin, dass ich einfach aufhören kann, ohne etwas hinzusetzen zu müssen, weil alles klar ist.

Wer da?

Drei Gäns im Haberstroh
Saßen da und waren froh,
Dann kam ein Bauer gegangen,
Mit einer langen Stangen,
Ruft: Wer do? Wer do?
Drei Gäns im Haberstroh
Saßen da und waren froh![26]

Drei Gänse sitzen da, nicht zwei. Kein amouröses tête-à-tête, eine kleine Gesellschaft, die miteinander palavert und sich im Stroh wohlfühlt. Bescheidenes Glück, Ungestörtheit, Wärme und der Geruch von Hafer. Was will man mehr? Weizenkörner schmecken womöglich noch besser. Aber Hafer ist auch nicht schlecht.

Da sitzen die drei Gänse einander zugewandt und vergessen für eine Weile, was um sie herum vor sich geht. Keine Gefahr im Verzug. Gänse passen auf. Dann aber passiert doch etwas, aber es ist fast nichts. Jemand geht rufend vorüber. Das Dann in der dritten Zeile versteht sich eigentlich von selbst und stört den lakonischen Reim.

Ein Bauer kommt vorbei. Warum *ein* Bauer und nicht *der* Bauer, der die Gänse hält und pflegt, der sie füttert und anständig schlachten und rupfen wird? *Der* Bauer hätte an den Tönen und Geräuschen erkannt, dass seine Gänse sich wohlfühlen. Und wenn sie aufgeregt geschnattert hätten, wäre er mit einem Stock gekommen, um den ungebetenen Gast zu vertreiben, und nicht mit einer unhandlichen langen Stange.

Der Bauer ist sesshaft wie seine Gänse. Er sitzt auf seinem Eigentum und verteidigt es gegen Eindringlinge. Als Wächter hält er sich Hunde und Gänse. *Ein* Bauer hingegen ist jemand, der nur vorbeikommt, und das mit einer langen Stange – was will er? – lächerliche Erscheinung, Tölpel, komische Figur.

Er kommt nicht nahe genug an die Wirklichkeit heran mit seiner langen Stange. Er hört Geräusche, Geraschel im Stroh, Gänsegeschnatter, und missdeutet es als Warnruf, ein Dummkopf eben, ein Mensch. Mit seiner langen Stange stochert er im Ungewissen. Mit ihr hält er die Welt auf Abstand. Über den Abstand hinweg kann er nur rufen. Ist da jemand? Wer da? Die Gänse schauen sich kurz an. Wer ist das denn? Nicht ihr Bauer, aber auch kein Dieb. Nichts zu befürchten. Sie können weiterschnattern.

Da ist die Geselligkeit der Gänse, ihre friedliche und fröhliche Konversation, Zuwendung in einem Hin und Her von Tönen, Lauten, Zeichen – und dort der einzelne, einsame Mensch mit einer langen Stange. Tierisches Behagen und durch Geräte erzeugtes Unbehagen, Vertrauen und Misstrauen, Gewissheit in der Nähe und Ungewissheit aus der Ferne, Plaudern und Rufen.

Zwei Vokale dominieren den Kinderreim: A und O. In den ersten und letzten beiden Versen schließt das O am Ende das offene A ab. In den mittleren Versen ist dieser Vorgang auseinandergezogen, zwei Verse fast nur A-Laute, dann zweimal ein starkes O. Auf die vielsilbigen A-Worte folgt das einsilbige doppelte »Wer do«. Dies A und O umfasst alles, worum es geht: Lebensfreude, Genuss, Geselligkeit, Glück und Erstaunen, Bestürzung, Schreck, der sich Gott sei Dank alsbald in nichts auflöst und einem neuen Behagen weicht, das jedoch eine leichte Beunruhigung nicht mehr loswerden kann, weil nicht jede Störung so harmlos sein muss wie diese hier.

Jemand kommt vorbei und hört etwas: Gänsegeschnatter? Schnattern die Gänse, weil da noch etwas anderes, jemand anderes ist? Wer do? Ein Doofmann stochert im Ungewissen und will wissen, was los ist. Wann weiß er, dass er etwas weiß? Wann ist er seines Wissens gewiss? Dabei stellt er sich alles menschenähnlich vor. Aus einer Ursache macht er einen Urheber. Aus »Was ist da?« wird ein »Wer da?«. Erwartet er im Ernst, verstanden zu werden oder eine Antwort zu bekommen, die er versteht? Die drei Gänse sind verdutzt und verstummen.

Das Stochern im Ungewissen braucht Geduld. Die aber hat der Mensch nicht. So wird aus der Wer-da-Frage schnell die barsche Aufforderung, sich auszuweisen. Der Polizist stochert in den Pässen herum. Wer weiß, sie könnten gefälscht sein, das Geplauder eine Verschwörung. Der Anschein kann trügen. Dabei würde sich der Mensch am liebsten, wenn er es nur verstünde, den Gänsen dazugesellen. Stattdessen ruft er: Wer da! und bekommt keine klare Antwort, nur Geräusche, die er nicht versteht, oder einfach Stille. Er muss raten und herumirren. Das ärgert und beunruhigt ihn.

Wer do? Wer do? Der ängstliche Tölpel ruft, und niemand antwortet, nichts passiert. Da fängt er an, vor sich hin zu singen: Zehn Gäns im Haberstroh, aßen und waren froh (ältere Version). Die Stange hält ihm nicht nur die Welt vom Leib, sie befreit ihn auch vom Zwang zu Vernunft und Sinn. Eben darum kommt er gegangen mit einer langen Stangen. Das klingt einfach gut, und der Sinn – ein Glück – bleibt offen. Ein solcher freier Singsang macht jede Besorgnis wett: Kunst, herrlich, tröstlich, unerschöpflich.

Der Reim handelt von der Komik der langen Stange, der Disproportion von Sorge und Anlass. Harmloses Gänsegeschnatter, ein Rascheln im Stroh und ein darüber beunruhigter Mensch, der gerade vorbeikommt, Aufregung aus nichtigem Anlass. Aber man weiß eben nie! Die Aufregung reißt das Präteritum der Erzählung in die Gegenwart des Rufens. Kurzer Schreck, kleine Unterbrechung des Behagens, ein Ereignis, das keins ist, Erleichterung. Das Ende ist wieder der Anfang, kleines Glück. Doch eine leichte Beunruhigung ist den Gänsen geblieben. Diese Menschen!

Leben im Dativ

kommen und gehen

Alles bewegt sich. Alles ist in Bewegung. Überall ein Kommen und Gehen. Großes Durcheinander von Kommen und Gehen aus allen Richtungen. Die Gehenden sind in Eile, sie wollen noch etwas erreichen. Die Ankommenden haben das Gehen hinter sich und wollen erzählen, was sie unterwegs erlebt haben. Die fortwollen, hören ihnen nicht richtig zu. Sie sind im Aufbruch. Willkommensgrüße, Abschiedsgrüße. Man spricht sich an und redet aneinander vorbei. Die Richtungen sind gegensätzlich. Die einen wollen los, die anderen dableiben, zumindest eine Weile. Die einen haben die Zukunft im Sinn, die anderen die Herkunft. Verständlich, dass sie sich nicht verstehen.

Das Kommen ist ein Herkommen von weiter weg hierher, vielleicht nur ein flüchtiges Vorbeikommen, vielleicht auch, um hier zu bleiben, sich niederzulassen. Das Gehen ist ein Fort- und Weggehen. Der Aufbruch setzt voraus, dass man sich von Ort und Stelle wegbewegen, lösen kann. Ich muss lose, losgekommen sein, um fort und weg zu gehen. Der Fortgang wird zeigen, ob es ein Bruch mit dem Herkommen ist oder nur seine Fortsetzung. Das Gehen geht von da oder dort los, entfernt sich von seinem Ausgangspunkt, entschwindet und ist weg. Was kommt, das kommt aus der Ferne näher und ist auf einmal da.

Alles kommt und geht, vergeht: Menschen, Dinge, Ereignisse, Meinungen, Schmerzen, Freuden. Auch das Bleiben ist nur vorübergehend. Die Ansichten über das Unvergängliche, Ewige, kommen und gehen. Ist das Unvergängliche nur eine trotzige Illusion von uns Sterblichen?

Es kommt, es geht.

Langsam oder schnell, deutlich oder unmerklich bewegt sich alles. Ob es kommt oder geht, hängt vom Standpunkt ab. Auch der wandert. Auch ich bewege mich, komme von irgendwoher und gehe irgendwohin. Ich gehe los, kann aber die Richtung nicht halten, die ich einschlagen wollte. Ein Hindernis versperrt mir den Weg. Ich muss es beiseite räumen oder einen Umweg machen. Auf dem Umweg kommt wieder etwas in die Quere. So komme ich immer weiter ab. Ich gehe, fahre, umfahre oder passiere Hindernisse. Dabei passiert mir einiges. Ich will es loswerden, erzählen, wenn ich angekommen bin. Vieles war nicht so wichtig. Trotzdem bleibt mir manches davon in Erinnerung.

Ich fahre und erfahre. Mir widerfährt etwas, ein Zwischenfall, Vorfall, Unfall, Zufall, ein Ereignis. Ich passiere etwas. Dabei passiert mir etwas. Ich steuere mein Gefährt. Da kreuzt ein anderes Fahrzeug meinen Weg. Ich kann einlenken, ausweichen, behalte die Kontrolle. Doch dann passiert etwas, das mich umwirft, sofort oder allmählich, aber unwiderstehlich. Aus einer solchen Begebenheit komme ich nicht unverändert heraus. Ich gehe, stolpere, fange mich oder stürze, falle und stehe wieder auf. Nichts passiert! Manchmal aber doch. Es dauert eine Weile, bis es weitergeht, oft in eine andere Richtung.

Was ist dieses Es? Mit meinem Tun und Lassen geht ein schwankendes Befinden einher, das sich der Lenkung widersetzt. Die alten Philosophen hofften, es steuern zu können, indem sie ständig auf sich selbst einredeten. Mit der richtigen Einstellung lassen sich Glück und Unglück besser ertragen, aber nicht wegwischen. Wie geht es dir? Mir geht es gut. Das Es fasst in höflicher Zurückhaltung vieles zusammen, körperliches Befinden, Stimmung, Erwartungen, Erinnerungen, gegenwärtiges Tun und Begebenheiten, die mir zugestoßen sind. Ich gehe fort, hinterher kommt meine Erinnerung. Dazwischen befinde ich mich.

Ich habe etwas vor, will auf etwas hinaus, gehe darauf zu. Da kommt etwas dazwischen. Mein Vorhaben geht daneben. Nichts Besonderes.

Meistens kommt etwas anders als geplant. Am Ende bleibt übrig, was herauskommt: *eventus*, *event*, das Ereignis, eine Überraschung. Ereignis ist das, was aus dem Durcheinander von Intentionen, Umständen, Handlungen und Zwischenfällen herauskommt. Darum erfasst man seine Bedeutung erst später. Im Augenblick wird das Geschehen über- oder unterschätzt. Ist es überhaupt der Rede wert? Ereignisse strukturieren das Leben und grundieren die Erfahrung. Man erzählt sein Leben, zählt Ereignisse auf und bezieht sie aufeinander.

Die allermeisten Ereignisse jedoch entgehen mir, oder ich nehme sie nur am Rande wahr. Je mehr sie mich angehen und berühren, desto schillernder sind sie in ihrer Vieldeutigkeit. Je nach Sicht, im Licht späterer Ereignisse, erscheinen sie immer wieder anders. In ihrem Kern jedoch, als *factum brutum* des »es ist passiert«, sind sie undurchdringlich. Die Ereignisse schillern, aber sie entspringen nicht meiner Einbildung. Es gibt sie, Begebenheiten, Gegebenheiten, Daten, die mir etwas bedeuten, weil sie mir – Dativ – passiert sind, auch wenn ich nicht direkt beteiligt war. Oft habe ich erst viel später von ihnen erfahren. Der Satz »das ist mir passiert« ist mehrdeutig. Mir ist etwas zugestoßen. Und: ich habe ein Malheur verursacht, ich habe etwas angerichtet. Das menschliche Leben steht in der Mehrdeutigkeit des Dativs. Wir handeln, und uns widerfährt etwas. Wir machen etwas, und es geht uns daneben. Wir gehen, und uns geht es dabei gut oder schlecht. Oder es geht so.

Was der Fall ist, der Sachverhalt, fällt vom begreifenden Verstand in die Rede. So entstehen, meinten die Stoiker, die grammatikalischen Fälle. Die erforderlichen Ausdrücke fallen gerade oder schräg in die Rede. Schräg, oblique, indirekt ist der Dativ.

Die Freunde wollen mich (direktes Objekt) nicht loslassen. Mir wird das zu viel. Die Person (ich) im Dativ ist an dem Vorgang indirekt beteiligt, von ihm betroffen, und verhält sich zu ihm. Etwas stößt oder fällt mir zu. Ein Zufall geht mir nahe, bewegt mich, rührt mich an. Der Dativ, der Fall in die Gegebenheit, ist zufällig, kontingent: »berührend«. Es musste nicht so kommen, und doch ist es passiert. Mir ist es passiert. Die Person bekommt, erleidet etwas und verhält sich dazu.

Ich gehe los, aber ich komme nicht mit mir mit. Mir geht das zu schnell. So schnell kann ich nicht Abschied nehmen! Etwas ist passiert. Die Person im Dativ war daran beteiligt und urteilt über das Ereignis. Es ist objektiv und subjektiv, ein Datum, mir gegeben, lateinisch *datum* von *dare*, geben. Von wem? Es gibt das Ereignis. Ist es der Zufall, von dem ich es bekomme? Doch der ist nur ein substantiviertes Geschehen. Es fällt mir zu oder fällt mir auf und ein. Und wenn ich weitergehe, steckt es in meinem Gepäck als Erinnerung. Ich gehe fort, aber ich werde es nicht los.

gewöhnlich
Gewöhnlich geht alles seinen Gang. Ich gehe davon aus, dass dieser Tag wie alle Tage wird, Alltag. Gewohnheit hat sich über mein Leben gelegt. Ich habe mich in ihm eingerichtet, Wohnung bezogen. In ihm kenne ich mich aus, brauche nicht fragen und suchen. Die Wege sind gebahnt. Ich bin sie oft genug gefahren: Erfahrung. Ich beherrsche den Alltag. Das spart Kraft. Gewohnheit bedeutet Entlastung und Kontrolle. Aber das Leben wird langweilig. Immer dasselbe. Auch die Unterbrechung des Alltags wird Routine. Dabei hieß Urlaub einstmals erlaubter Abschied.

Gewohnheit stützt mein schwankendes Befinden. Die Wohnung ist mein Zuhause. Da geht es mir gut. Gewohnheit gibt mir das Gefühl von Dauer und Beständigkeit. Die Gewohnheit verdinglicht das Leben. Die Ereignisse kommen und gehen, die Dinge bleiben auch nur vorübergehend, aber sichtbar und ziemlich fest. Ich verlasse mich darauf, dass alles so weitergeht, dass alles im Wesentlichen so bleibt wie bisher. Natürlich ziehen Nachbarn aus und ein. Ein gewohntes Kommen und Gehen am Rande. Veränderungen werden von der Gewohnheit verkraftet, wenn sie nicht plötzlich und gehäuft kommen. Dann ist sie überfordert.

Die Welt aber ist Geschichte, Geschehen. Sie passiert. Taumelnd vor Aufregung ginge ich durchs Leben, wenn mir (Dativ) alles naheginge, was sich in meinem Umkreis ereignet, wenn ich im unaufhörlichen Hervorkommen und Untergehen lebte. Die Gewohnheit dämpft die Ereignisse. Die meisten lässt sie gar nicht an mich herankommen. Die mich erreichen, bekommen Namen und Bedeutung, werden erklärt und dadurch entschärft. Die Gewohnheit gibt ihnen eine Form und überführt sie so ins Übliche. Hier haben sie Anschluss an die Sitten und Bräuche, die Gewohnheiten einer Gesellschaft, ihre Kultur. Wenn fast alles wie gewohnt passiert, wird das überraschende Ereignis zur Ausnahme in der Wiederholung.

richtig

Es blieb mir nichts anderes übrig, ich habe mich im Leben eingerichtet. Ich lebe in meiner Gewohnheit. In ihr stehen Möbel herum, moderne, gebraucht gekaufte, Erbstücke aus der Familie, die man nicht übers das Herz bringt wegzuwerfen. Es ist auch gar nicht leicht, Gewohnheiten loszuwerden.

Erst allmählich richte ich mich selbst ein. Am Anfang sind es die Eltern gewesen, die das Kinderzimmer wie die ganze Wohnung eingerichtet haben. Ich wachse in eine Einrichtung hinein. Dann folgt die Unterrichtung in der Schule. Da wie dort werde ich auf etwas ausgerichtet. Ich lerne, was richtig ist und falsch, und lerne dabei, mich selbst ein- und auszurichten, oft im Widerspruch zum Unterricht. Die Urteils- und Geschmacksbildung geschieht wiederum im Dativ. Sie wird mir vorgegeben, aber dann bin ich es, dem (Dativ) etwas gefällt und schmeckt. Sprachen fallen mir zu, Mathematik fällt mir schwer. Und so fort.

Doch welche Richtung soll ich einschlagen, wenn ich von Zuhause aufbreche? Ich stoße mich von dort ab, aber im Rücken habe ich den alten Unterricht. Die Eltern, die Lehrer haben ihn mir als Wegzehrung, ohne mich zu fragen, in den Rucksack gesteckt. Ich komme nicht los von meinem Herkommen. Hinterrücks verfolgt es mich und gibt mich nicht aus der Hand. Ich befinde mich zwischen Herkunft und Fortgang. Auch wenn ich geradewegs losgehe, bewege ich mich im Dativ, schräg zur Vergangenheit und Zukunft.

Die Erziehung gewöhnt mich an die überkommene Kultur. Von dieser Ausrichtung kann ich abweichen. Aber ganz ohne Proviant aus meiner Herkunft komme ich nicht aus. Ohne Herkommen kein Aufbrechen und Fortgehen. Und kein Herkommen, das im Fortgang und Aufbruch nicht indirekt fortgesetzt würde.

Ähnlich wie die Gewohnheit im Kleinen webt die Kultur ein Muster aus verschiedenen Ereignissen, die als gemeinsam und bedeutsam empfunden werden. Sie reichen tief in die Vergangenheit: Kriege, legendäre Personen, Dichtung, Lieder, Dialekte einer Sprache, die sich in Lebensformen und Haltungen niederschlagen. Und wieder schillern die wichtigen Ereignisse, sodass sie je nach Beleuchtung immer anders dargestellt werden können.

Im allgemeinen Kommen und Gehen bringen die Ankommenden ihre Meinungen, Gewohnheiten, ihre Kultur mit. Wie richte ich mich mit ihnen ein? Es geht nicht ohne gegenseitiges Entgegenkommen. Jede Kultur schafft einen Raum, um in die Rolle des Anderen zu schlüpfen und damit auch den Entgegenkommenden selbst entgegenkommen zu können. Im Gruß ist das Spiel der Richtungsumkehrung angelegt, dass dem Gehen ein Mitkommen in Form von guten Wünschen beigegeben und das Kommen über die Türschwelle herein begleitet wird. Der Abschiedsgruß gibt – Dativ – dem Aufbrechenden etwas mit auf den Weg, die Begrüßung dem Hereinkommenden das Gefühl, angekommen, willkommen zu sein.

erben

Ich will weg und bleibe kleben. Meine Bleibe ist die Gewohnheit. Die Kultur hat sie mir eingerichtet. Alles hat hier seinen Platz und seine Beschriftung. Alle gehen auf gebahnten Wegen. Wo geht es nach draußen? Keine Lücken. Wo ist der Notausgang? Alles vorgegeben, vorgerichtet. Der Dativ wird nicht mehr dem Zufall überlassen. Staat, Wirtschaft, Technik und ich selbst versuchen, ihn zu ersetzen. Ich singe nicht mehr. Ich lasse singen. Mir wird die Kultur zum Verzehr, Konsum, vorgesetzt. Sie wird ein direktes Objekt. Ich verschlinge die Kultur. Sie stärkt mich nicht. Denn sie bildet sich nicht indirekt in einer Betätigung. Die Wegzehrung hält nicht lange vor, wird aber immer fordernder: dass du mir (*dativus ethicus*) aufisst, was ich dir mitgebe!

Der Belehrung überdrüssig kommt mir die Kultur abhanden. Ich achte sie nicht mehr und stehe lose da. Ich könnte losgehen. Aber mir fehlt die Kraft. Ich bin im Überfluss abgeschnitten von der Herkunft, der Kraft der Tradition. Ich bin verwaist. Das griechische Wort für Waisenkind, *orphanos*, englisch *orphan*, ist verwandt mit dem deutschen Wort Erbe. Dem Erben steht ein Erbe zu. Aber zunächst ist er der Eltern und ihres Vermögens beraubt. Die Erbschaft setzt die Trennung von der Hinterlassenschaft voraus, den Bruch der Kontinuität. Ich kann mit dem Erbe nichts anfangen. Die Gabe entzieht sich mir. Wie kann ich sie mir zu eigen machen? Selbst wenn der Erbe in das Haus seiner Eltern einzieht, wird er es vor seinem

Einzug lüften und anstreichen müssen, manches wegwerfen oder weiterschenken, die Einrichtung verändern. Vielleicht behält er nur eine Tasse, weil ihm in ihr alle Erinnerungen eingeschenkt sind.

Der Bruch aber kann im Glücksfall Aufbruch werden, loszugehen und das wiederzufinden, was man hinter sich gelassen hat, die Hinterlassenschaft. Das Erbe sind nicht die Dinge, sondern die unabweisbaren Erinnerungen, die anfangen zu sprechen, wenn es still geworden ist. Vorher höre ich sie nicht. Die Erinnerungen kommen mir, wenn ich losgegangen bin. Sie holen mich von hinten ein.

Von Anfang an befinde ich mich im Dativ. Mir ist, sagt man, das Leben geschenkt worden, die grundlegende Begebenheit für alle weiteren Ereignisse, das Datum der Geburt. Für jeden wird es dokumentiert. Der Dativ des Lebens ist passiv wie aktiv. Mir ist etwas passiert. Ich bin angesprochen, betroffen, beteiligt, vielleicht auch schuld. Ich bin gefahren, mir ist etwas widerfahren. Ich bin gegangen, mir ist etwas daneben gegangen. Wie geht es mir? Geht so, fühle mich bevormundet. Wenn ich nicht aufpasse, wird mir alles zurechtgelegt.

Ereignisse, Zufälle, entziehen sich der Kontrolle. Darum geht man ihnen gern aus dem Weg. Zumindest im Nachhinein durch Deutung sollen sie uns unterworfen werden. Aber keine Deutung schöpft sie aus. Immer bleibt ein Rest des Unerklärlichen. Sie sind einfach passiert. Für die Zukunft soll vor ihnen die Gewohnheit mich bewahren. Sie selbst ist oft nur ein ritualisiertes, durch Wiederholung geglättetes Ereignis wie ein Feiertag.

Etwas ist passiert. Ich war dabei. Es ist mir passiert. Was bedeutet es? Weiß nicht. Womöglich trifft es mich erst mit Verspätung. Etwas ist passiert. Ich war nicht dabei. Dennoch bewegt mich das Ereignis und spricht zu mir. Der Dativ hat Zeit. So tauchen Ereignisse aus der Tiefe der Vergangenheit auf. Sie entzünden sich an Umständen der Gegenwart.

Die Kultur pflegt das Erbe. Sie will es mir nahebringen. Doch es sagt mir nichts. Ich bin verwaist, losgelöst, weggegangen. Was ich behalten soll, entfällt mir. Der Proviant schmeckt nicht. Ich verliere die Richtung. Der Zufall verschlägt mich anderswohin. Was bleibt? Was bleibt mir in Erinnerung? Sie lässt sich so wenig kontrollieren wie die Ereignisse. Sie stößt mir zu. Erinnerungen kommen und lassen sich nicht abweisen. Der Rucksack wird schwerer. Wie kann die Last leichter werden?

tanzen

Das Wort Kultur ist dem lateinischen *colere* entlehnt. Es bezeichnet die bäuerliche Tätigkeit, ein Feld zu bestellen, auf ihm etwas anzubauen, zu pflegen, zu kultivieren. Harte Arbeit. Im Kern bedeutet es wohl, sich zu drehen, sich zu bewegen. Wenn die Drehung sich steigert, ihre Schwerfälligkeit abstreift, für Augenblicke im Sprung den Boden verlassen kann, wenn die Bewegung sich rhythmisch verselbständigt, wird sie Tanz.

Ein paar Erbstücke halten sich immer in der Gewohnheit, versteckt oder auffällig zwischen neuen Möbeln. So klingen Töne der Vergangenheit in ein zeitgenössisches Design hinein. Klingen sie zusammen, entsteht aus ihnen ein neuer Klang? Alt und neu beginnen, aufeinander zu hören, und kommen in Bewegung, in einen sich selbst gliedernden Fluss von Tönen, Melos und Rhythmus. Das Leben wird leichter, beschwingter, intensiver. In Musik und Tanz verlieren sich die Gewalt der Unterrichtung, die Kolonisierung durch Kultur, das Gewicht der Erbschaft, die Last der Geschichte. Leben im Dativ: ich tanze, und der Tanz tanzt mit mir. Er involviert mich, er zieht mich in seinen Wirbel hinein. Er tut mir gut. Es geht mir gut.

Ich bin in der gewohnten Bleibe, aber aus dem Häuschen. Ich gehe nicht, ich mache Schritte, Sprünge. Hochstimmung der schlaffen Saiten. Sie beginnen zu klingen. Abschied und Willkommen bilden einen Reigen. Wo ist Herkunft, wo Zukunft, Anfang und Ende? Töne, Tonfolgen, Betonungen fallen in die Körper und rütteln die Glieder auf, gerade und schräg, kreuz und quer. Tanz: gesteigertes Leben (Curt Sachs) im Dativ. Mir klingen die Ohren.

Das Herz klopft. Erinnerungen kommen hoch. Was ist los? Der Dativ tränkt das Gedächtnis mit Sentiment und verwandelt es in Erinnerung. Oder ist es umgekehrt: Die zum Gedächtnis verblasste Erinnerung wird mir wieder lebendig? Der Fortgang findet Anschluss an die Vergangenheit. Der wirbelnde Tanz – Vortex, sagt Pound – reißt Herkommen wie Losgehen in sich hinein und schleudert beides zugleich in alle Richtungen – alle richtig – aus sich heraus, Verwicklung und Lösung in einem, kurzweilige Bleibe für Kommen und Gehen.

Die Erbschaft steht dem Waisen nicht zu, sie fällt ihm zu. Sie wird ihm geschenkt. Zum Einschenken muss das Gefäß geneigt, schief gehalten werden. Dativ: Mir wird eingeschenkt, ich weiß nicht was, ob es mir schmeckt oder nicht. Die Ereignisse fallen schräg in die Sprache. Wem verdanke ich das?

In der Hochstimmung – endlich klingen die Töne! – kommt Dankbarkeit auf. Der Dank ist die Antwort auf ein Geschenk. Vielleicht kann ich mich später revanchieren. Im Augenblick wenigstens ist das Geschenk einseitig. Mir bleibt nur der Dank. Er sucht nach einer Person. Wem verdanke ich, was mir passiert ist? Wer hat mir das Leben angerichtet: der Zufall, das Schicksal? Gott sei Dank bleibt vieles offen.

Tanz und Musik, Töchter der Erinnerung in der griechischen Mythologie, schaffen sich einen Raum frei von Gegenständen. *Choros,* Chor, nannte man ihn. In diesem erfüllten, leeren Raum fällt dem Waisenkind sein Erbe zu. Zufall, Glücksfall, dritter Fall, Dativ.

Der Lieferant

Sammeln: Wer geht schon in seiner eigenen Stadt ins Museum? Höchstens der, der seine Freunde dorthin begleitet, die ihn besuchen kommen. Museen sind für Touristen und Schulklassen. Die Museen in der eigenen Stadt laufen mir nicht weg. Vielleicht besuche ich einmal eine umstrittene Sonderausstellung, damit ich mitreden kann.

Die Touristen sind die zahlreichen Abkömmlinge der jungen englischen Adeligen, die eine Bildungsreise durch Europa machten: *the Grand Tour*. Sie führte durch Frankreich nach Italien und manchmal auch durch Deutschland den Rhein hinauf zurück. Tour heißt die Kurve kriegen können, wenden, französisch *tourner*. Sonst kommt man nicht zurück. Die Tour schlägt einen Kreis um das, was man gehört, gelesen und gesehen haben muss, wenn man zu den Gebildeten gehören will. Altertümer, Sammlungen, Museen, Städte und Kulturlandschaften, Sprachen. Die große Tour schließt die humanistische Bildung und ihre Enzyklopädie (*enkyklia paideia*) als Reise ab.

Die Fahrt soll Erfahrung werden. Dazu muss man sich drehen und wenden, beweglich sein:

Hinwendung zu dem, was einem begegnet, Anwendung auf spätere Begebenheiten und Zurückwendung zu sich selbst. Die Touristen versammeln ihre Erlebnisse um sich herum, sammeln Erfahrung und sammeln sich selbst in der Begegnung mit dem Erlebten. Eine Wunderkammer entsteht. Sie enthält *Curiosa* und *Mirabilia*, Mitbringsel von den Reisen, Zeichnungen, Postkarten, Photographien, Andenken, Erinnerungen. Die gesammelte Erfahrung reicht vom Staunen zum Wissen, umfasst Anekdotisches und Allgemeines.

Die Reise unterbricht den Alltag und öffnet eine Lücke für das Unerwartete: andere Sitten und Gebräuche. Die Route der *Grand Tour* folgt den Stätten der Antike und ihrer Wiedergeburt (*Renaissance*) in der frühen Neuzeit. Das in der Verwunderung noch nicht erfasste Wunderbare wird bewundertes Vorbild und damit klassisch. Die Bewunderung überwindet die Kluft zwischen dem hohen Vorbild und dem eigenen, begrenzten Vermögen, ihm gleichzukommen. Bewunderung kann aber auch in Ablehnung umschlagen. Anstelle der klassischen Antike wird so das Gotische bewundert, anstelle des Abendlandes das Morgenland oder die archaischen Kulturen der Südsee. Entsprechend ändert sich die Reiseroute. Zeit und Geld sind sowieso knapper und die Verkehrsmittel schneller geworden. Die großen Touren dauern nicht mehr so lange.

Der Kreis, der alles Wissenswerte umfassen soll, schließt sich nicht. Jede Enzyklopädie braucht immer weitere Supplementbände. Im Verlauf der *grand tour* verlagert sich der Mittelpunkt des Kreises, der Brennpunkt der Aufmerksamkeit. Neue Interessensfelder tun sich auf. Die Reiseroute richtet sich danach. Man macht eben Erfahrungen. Das Sammeln strebt nach Vollständigkeit und erreicht sie nicht. Ein Glück, dass sich der Kreis nie schließt! Aus dem Lesen, Auflesen, Sammeln (*colligere*) wird zu leicht ein Zusammenzwingen, ein forciertes Denken (*cogitare*).[27]

Die Erfahrung neigt zur Routine, zur Selbstbestätigung und damit zur Gewohnheit. Wie von selbst kommt sie immer wieder auf die ihr geläufigen Routen zurück. Doch sie muss wendig bleiben, offen für das, was ihr Wissen stört, was eine Sammlung umstürzen und das Wahrnehmungsfeld neu ordnen, komplexer und einfacher machen kann. Die Verwunderung, die Lust auf Überraschungen, das Bewusstsein für die Grenzen des Wissens, dürfen nicht verloren gehen.

Jeder sammelt Erfahrungen in seiner Wunderkammer. Darin wirken sie aufeinander und verwandeln sich alchemistisch, gären, gerinnen, faulen, verwesen und verfeinern sich. Erinnerungen mit Empfindungen scheiden sich von pragmatischen Erfahrungen. Der Sammler scheint zu sammeln. Doch die Erfahrungen sammeln sich von selbst an. Sie lassen sich nicht abweisen und ihre Bedeutungen sich nicht vorschreiben. Der Sammler kann sie nur auflesen. Menschen suchen sich ihre Geschichte nicht aus. Das Sammeln ist medial und reflexiv. Es sammelt nicht nur etwas, sondern sich selbst. Es wird ein Denken, Nachsinnen und Empfinden dessen, was sich angesammelt hat. Sammelnd versuche ich, mich zu sammeln und komme dabei ab, wenn ich die Sammlung vervollständigen will.

Die Wunderkammer der Erinnerung bewahrt meine Fahrten durch die Geschehnisse. Manche bleiben oder verblassen, ohne sich zu verändern, manche verändern sich, laufen aus und bilden unbestimmte, vieldeutige Flecken. Das sind die von Empfindungen getränkten und eingefärbten Erinnerungen, die auf andere Ereignisse chemisch reagieren. Fotografien zeigen Personen, Landschaften, Städte, Dinge und rufen für die Beteiligten Empfindungen hervor, auslaufende Flecken.

Die Wunderkammer tut sich dem Einzelnen in der Einsamkeit auf, in der Begegnung mit sich selbst. Doch einsam ist er nicht isoliert. Er folgt den Konventionen und Traditionen einer Gesellschaft, ihren Wegen, Karrieren und Reiserouten, wenn auch manchmal in Gegenrichtung, auf Umwegen und Nebenstrecken. Auch eine Gesellschaft sammelt und versammelt sich als Volk zur Wahl und Willensbildung. Zugleich sammelt sie sich um eine gemeinsame Kultur, Geschichte, Sprache, gemeinsame Mythen und Heroen, Sänger, Dichterinnen. In einer gemeinsamen Kultur kann man andere Meinungen leichter verstehen und aushalten, meistens jedenfalls.

Meinen: Ich meine, du meinst, sie oder er meint, wir meinen. Alle Welt hat Meinungen. Das ist kommunikativ. Man kommt miteinander ins Gespräch, kann sich unterhalten und streiten. Der Streit darf nur nicht zu weit gehen. Jeder schleppt in seinem Rucksack Meinungen mit auf seiner Tour durchs Leben. Sie sind gepflegt, ausgebessert, gewaschen und gefaltet, aber auch abgetragen, verschwitzt und löchrig, können bewahrt, aber auch gewechselt und weggeworfen werden. Irgendetwas zum Anziehen, Sich-Überziehen, damit man sich äußern, sich behaupten kann, braucht man in jedem Fall.

Die Menschen haben unterschiedliche Meinungen, Meinungsverschiedenheiten, unterschiedliche Ansichten, verschiedene Interessen. Ihre Welt ist so offen, dass sie mehrere Meinungen zulässt. Und die müssen nicht alle falsch sein bis auf eine. Die Menschen sind so frei, dieses oder jenes zu meinen. Das ist oft schon zu viel. Die öffentliche Moral einer Gesellschaft lässt nicht alle zu und ächtet bestimmte Meinungen als unziemlich. Das Stimmengewirr soll sich in Grenzen halten. Nicht alle Meinungen sind erwünscht oder opportun. So hat der Einzelne in seinem Rucksack auch Ansichten, die er nicht vor allen ausbreitet. Bei manchen Meinungen ist er nicht sicher, ob er sie selbst eingepackt hat oder ob sie ihm mitgegeben oder zugesteckt worden sind von den Eltern, Lehrern, Freunden, von Zeitungen und Medien.

Natürlich sind da immer Querköpfe und Eigensinnige. Aber gewöhnlich wollen die Menschen keinen Ärger, vertrauen dem Üblichen und schließen sich mit Einschränkungen einer der gängigen Meinungen an. Die Macht lockt, eine Meinung zur herrschenden zu machen und einen Meinungsdruck zu erzeugen. Dagegen anzukommen ist nicht leicht.

Die Menschen meinen.[28] Das heißt, sie verbinden Behauptungen mit Überzeugungen, mit empfindsamen Erfahrungen. Über sie lässt sich nicht streiten. Jeder wird hier empfindlich. In der Meinung vermischt sich Widerlegbares mit Unwiderleglichem. Beides ist aufeinander angewiesen. Überzeugungen brauchen Argumente, und Behauptungen gewinnen ihre Kühnheit am Ende aus Überzeugungen. Wären Meinungen nichts anderes als Behauptungen, könnte man sich leicht einigen. Doch ein Meinungsstreit nimmt kein Ende, höchstens ein vorläufiges durch Erschöpfung, überlegene Wortgewandtheit und Schlagfertigkeit von einer Seite, durch Druck oder ein Machtwort, das Meinungen zum Schweigen bringt. Meinungen werden weniger widerlegt als abgelegt. Vorübergehend verschwinden sie und tauchen in einem etwas anderen Schnitt oder Muster wieder auf.

Wir bilden uns Meinungen über das, wovon wir etwas zu verstehen glauben, überschaubare Sachgebiete, Alltägliches, aber auch auf Grund von Erfahrungen zweiter Hand, vom Hörensagen, Fernsehen oder wissenschaftlichen Untersuchungen. Auch Wissenschaftler haben Meinungen. Ihre Aussagen können sich nicht lösen von tief sitzenden Empfindungen über Gott und die Welt, die sich einer Widerlegung entziehen.

Mit allerlei Meinungen im Gepäck zieht der Tourist seines Wegs und muss immer wieder Pausen einlegen, Halt machen, das Gepäck ablegen, das ununterbrochene Meinen, Behaupten und Sich-Behaupten anhalten. Philosophische *epoché*, Einkehr in die Wunderkammer, den Kristall seiner Welterfahrung. Dieses Sich-Sammeln und Anhalten ist nötig für das Vorzeigen von haltbaren Aussagen, die sich hoffentlich behaupten können. Was meine ich mit meinen Behauptungen? Worum geht es mir überhaupt? Der Halt ist die Umwandlung einer Ansammlung von Erfahrungen und allgemeinen Meinungen in die eigene Meinung. In der Pause, Muße, *scholé*, an einer Haltestelle, bildet sie sich heraus.

Platon, der wie die Philosophen vor und nach ihm nicht viel auf Meinungen gab und eigentlich nur Wissenschaft und Weisheit gelten lassen wollte, musste doch die Bedeutung der »richtigen Meinung« anerkennen.[29] Sie neige zum Wegfliegen, schreibt er, weil sie an den Grund nicht festgebunden sei. Sie hat keinen Grund, höchstens Gründe, meist ist sie nur plausibel. Für Platon war die Meinung noch nicht die eigene, sondern die gängige über das, was gut und schön ist. Das Übliche kann auch nicht ganz schlecht sein. Immerhin scheint es sich bewährt zu haben. Aber es bleibt in der Routine unbedacht. Nachfolgende Philosophen sahen in der Meinung den rationalen Kern eines Affekts:[30] Ich leide an Fehlurteilen, Meinungen. Ich habe Angst, weil ich den Tod für ein Übel halte. Doch das ist er nicht, sagen die Philosophen. Als falsche wird die Meinung persönlich.

Das deutsche Wort »meinen« hat ursprünglich wenig mit behaupten zu tun. Meinen ist verwandt mit Gemeinde, Gemeinschaft, Allgemeinheit und mit Minne, Liebe, Treue.[31] Die Meinung in diesem Sinne war im Kern ein kundiger Vorschlag für die gemeinsame Sache. Die Meinung ist der *sensus communis*, der Sinn, der sich auf die Lösung gemeinsamer Aufgaben richtet. Diesen *common sense* spannt die Meinung zusammen mit Liebe und Treue. Was meine ich persönlich gegenüber einer Gemeinschaft, der ich mich verbunden fühle? Was ist mir lieb und teuer? Ich muss anhalten und mich sammeln.

Was meine ich, das nicht schon so oder anders, aber ähnlich, gesagt worden ist? Die eigene Meinung braucht Mut und Bescheidenheit. Sie äußert sich eher im Tonfall als in der Behauptung, weniger im Was als im Wie. Den Tonfall färbt die Empfindung ein, die sublimierten Erfahrungen in der Wunderkammer. Die persönliche Meinung trübt nicht die Sicht auf die Geschehnisse, sie ist erhellend: Erkenntnis durch die Intensität einer Empfindung und eines Tons, der klingt.

Liefern: Ich brauche mich kaum noch zu bewegen. Alles wird mir gebracht, selbst Fahrten und Erfahrung. Ich brauche nur noch einzusteigen. Alles wird geliefert. Ich bewege mich nur, weil ich selbst liefern muss. Ich muss einem Empfänger etwas vorzeigen, herhalten. Ich bin stolz. Ich habe etwas vorzuweisen.

Immer schon musste man Dinge oder Nachrichten von da nach dort transportieren, bringen oder holen. Jetzt wird alles geliefert, in die Nähe oder gleich nach Hause: Sachen zum Anziehen, Essen und Trinken, Geräte aller Art, Ersatzteile, Nachrichten, Unterhaltung, Nachwuchs, Partner, Abenteuer, Affären. Fernreisen werden geliefert, die große Tour dahin oder dorthin in großen oder kleinen Stücken. Die Lieferung bringt alles herbei.

Die Geschichte hört nicht auf. Weiterhin geschehen Ereignisse im Großen und Kleinen, schrecklich und wunderbar. Aber sofort werden sie eingepackt, als Nachricht, Bild und Meinung vervielfältigt und gesendet, versandt. Sie werden reproduziert oder simuliert und dann *en masse* geliefert. Die Lieferung erfolgt in Containern. Der Inhalt wird dem Format des Behälters angepasst. Wissenschaftliche Vermutungen, die noch erprobt werden müssen, werden ebenso als Meinung verpackt wie eine originelle philosophische Behauptung oder ein politischer Kommentar. Als Meinung ist alles plausibel und erzeugt die Lieferung von Gegenmeinungen.

Die späten Abkömmlinge der jungen Adeligen kombinieren die Bildungsreise mit einem Erholungsurlaub. Denn das Leben ist anstrengend geworden. Jeder hat irgendwie mit dem Produzieren, Verpacken und Ausliefern von Lieferungen zu tun. In den Erholungspausen merkt jeder, wie sehr er selbst den Lieferungen ausgesetzt ist, ob er will oder nicht. Er ist nicht nur Lieferant und Empfänger von Sendungen aller Art, sondern auch Lieferung. Mit ihm werden Gaststätten, Kaufhäuser, Hotels, Museen, Flugzeuge und Busse beliefert. Er liefert Daten über sich selbst für die nächsten Lieferungen, denen er ausgeliefert ist.

Menschen, Dinge, Informationen, Bilder, Meinungen, Touren um den Globus, liefern und werden geliefert. Liefern kann man nur, was lose ist, beweglich. Liefern, französisch *livrer*, geht auf das lateinische Verb *liberare* zurück: befreien, losmachen. Die Lieferung befreit das, was sie liefert, aus seinem Lagerplatz oder Ursprungsort, wo es festgehalten wurde. Die Befreiung wirkt ansteckend. Die Mobilisierung lockert immer mehr. Liefern geht mit der Liberalisierung der Wirtschaft einher, mit Offenheit von Handelswegen und Meinungsfreiheit. Die Distribution ist wichtiger geworden als die Produktion. Die Lieferung hat die Verteilung überholt. Sie kommt los von der Vorstellung eines endlichen Ganzen, das angemessen oder sogar gerecht verteilt werden soll.

Wenn alles locker ist, brauche ich irgendwo Halt. Aber auch der ist lose. Wie kann ich mich halten in der allgemeinen Lockerheit? Ich muss mich sammeln, bin aber zerstreut, will anhalten, muss aber weiter liefern. Wenn alles locker ist, kann nur Druck zusammenhalten. Der ist jedoch ambivalent. Er lockert und löst, vorübergehend aber hält er zusammen: als Zeitdruck und Anpassungsdruck.

Halt fand Europa lange in einer Vergangenheit, die gegenwärtig bleibt in der Fähigkeit zur unaufhörlichen Wiedergeburt von Antike und Christentum. Um beide wurde ein Kreis gezogen.

Beide sich überschneidende Kulturkreise wurden studiert und bereist. Man pilgerte zu alten Kirchen und antiken Tempeln.

Dann kommt die Industrialisierung und mit ihr das Bewusstsein, von ihr bedroht zu sein. Industriestädte und Industrielandschaften entstehen. Der Bestand der alten Stadtbilder und Landschaften gerät in Gefahr, die Sinnbilder der eigenen Geschichte. Was schützt vor der Bedrohung? Eine neue Museumskultur und Denkmalspflege. Der Historismus des 19. Jahrhunderts schien ein Gegengewicht zur industriellen Zerstörung zu bilden,[32] erwies sich aber als ein Teil von ihr, als industrielle Ausbeutung der Vergangenheit, der historischen Bodenschätze. Neugotische und neoromanische Kirchen wurden in Serie überallhin geliefert, Museen im Stil der Renaissance und des Barock oder mittelalterliche Ritterburgen den Rhein entlang. Die architektonischen Behälter konnten konserviert oder in alter Form neu geliefert werden, aber nicht der lebendige Inhalt. Der wird durch Historisierung, Musealisierung und Ästhetisierung neutralisiert.[33] In den Burgen wohnen Industriebarone. Der Museumsbesucher fällt vor einem Altarbild nicht mehr auf die Knie. Lose geworden waren die Bilder schon früher.

Unterbrochen wird die zunehmende Industrialisierung der Geschichte für kurze Zeit von der Kunst der Avantgarde, die dem Historismus der alten Welt die Morgenröte einer ganz neuen, modernen entgegensetzt. Inzwischen ist auch diese Moderne historisiert, in ihrer Utopie neutralisiert und lieferbar geworden. Die Industrialisierung hat den Handel der zeitgenössischen Kunst erreicht. Ihre Sammlungen werden dahin und dorthin geliefert wie die Kollektionen von Modehäusern. Die Person des Sammlers, seine eigene Ansicht und Meinung, sein Empfinden und Geschmack, sind in der großen Menge von Kunstwerken nicht mehr zu erkennen. Auch der Sammler ist beliefert worden. Die Meinung des Touristen kann sich nicht mehr an der des Sammlers bilden. Wie der Ausstellungskurator dem Druck des Marktes, der Sammler und der Meinung seinesgleichen, ist der Tourist der Menge und dem Sog des Gängigen ausgesetzt. Er selbst kommt in Mengen. Sie strömen in die Museen und danach in die zu Altstädten musealisierten Innenstädte und essen und trinken und kaufen ein.

Alles lose, nirgends Halt. Diesen Eindruck muss schon Platon im kleinen Athen gehabt haben. Die Sophisten, die klugen Leute von damals, demonstrieren, dass die Plausibilität einer Meinung der Sachkundigkeit immer überlegen ist. Je nach Interesse kann ihre Redekunst die schwächere Sache zur stärkeren machen und umgekehrt. Alles steht zur Verfügung, sogar die verbindlichen Schriften der Dichter. Sie können nach Belieben so oder anders ausgelegt werden. Wenn das Plausible zu einer Technik wird, die gelehrt und gegen Geld geliefert werden kann, dann verschwindet das Richtige und Vortreffliche, weil es selbst plausibel gemacht werden muss.

Platon dachte sich die Verfassung einer Stadt aus, die nicht auf die Plausibilität von Meinungen angewiesen ist, eine Verfassung ohne Freiheit. Die Wissenden allein haben das Sagen. Aber wer weiß, wer die Wissenden sind? In den nachfolgenden Zeiten ziehen sich die Philosophen mehr und mehr auf sich selbst zurück und versuchen, in sich selbst den Halt zu finden, der ihnen außen abhandengekommen ist. Sie strengen sich an, affektfrei, leidenschaftslos, frei von Meinungen und damit unerschütterlich zu werden. Doch es reicht als Halt vielleicht schon eine Pause, ein Augenblick der Versenkung in die Wunderkammer, in der sich die eigene Welterfahrung und -anschauung zur *theoria* sublimiert.

Meinungen sind Missverständnissen ausgeliefert. Meistens werden ihnen Behauptungen entnommen, die bestritten oder gutgeheißen und verstärkt werden können. Das hält die Kommunikation in Gang. Nur mit Mühe dringt man vor zur Wunderkammer einer Meinung, in der auch die Irrtümer richtig sind.

Ich bin ein Tourist. Ich gehe auf Reisen. Ich gehe los. Ich bin lose. Indem ich mich bewege, kommt alles in Bewegung. Alles wird lose. Aber Bewegung heißt auch: Ich kann mich drehen und wenden. Ich kann kurven. Dabei komme ich ab. Ich komme weder zurück noch dorthin, wohin ich gelangen wollte. Der Kreis schließt sich nicht. Die Erfahrung muss offen bleiben. Aber in den Ausbuchtungen der Kurven kann ich vorübergehend fischen und Erfahrungen sammeln, bevor ihre Erkenntnisse durch die Öffnung entschwinden. Die Kurve ist meine Wendung, mein *tropos*, mein Tonfall in der Menge der Meinungen.

Ich bin lose. Es kann losgehen. Ich bin befreit, freigelassen, *libertinus*. Ich werde nicht mehr festgehalten, dafür jedoch den Lieferungen ausgeliefert. Ich bestelle, was geliefert werden kann. Fast alles wird ausgestellt, bereitgestellt und ist fertig für die Lieferung. Doch gerade in der Perfektionierung der Aus- und Zustellung entziehen sich Halt und Inhalt. Der Freigelassene hat alle Freiheiten. Aber mehr denn je wird er von den Erfahrungen zweiter Hand und Allerweltsmeinungen eingeschlossen. Das beunruhigt ihn und macht ihn misstrauisch. Er entkommt ihnen auch nicht, indem er sich Gegenmeinungen kommen lässt. Wie kann ihm die Verwandlung in einen freien Geist (*esprit libre*) gelingen, der offene Umgang mit der Überlieferung und den neueren Lieferungen, die Bildung eines Tons mit reicher Klangfarbe, einer Meinung?

Ich bin losgegangen, ich bin unterwegs. Ich bin nicht da. Ich bin nie ganz da. Darum entgeht und fehlt mir immer dies und das. Was mir fehlt, was mir nicht da zu sein scheint, lasse ich mir liefern. Die Lieferung liefert jedoch den Überdruss mit, das Ungenügen an der Lieferung, den Wunsch nach mehr, das uralte Immermehrhabenwollen (*pleonexia*). Die Musealisierung sollte sammeln und bewahren. Aber es entgleitet ihr, was sie bewahren soll: die Geschichte und die Kunst. Darum greift die Musealisierung immer weiter und vergeblich aus. Sie hält die Verpackung fest und lässt den Inhalt fahren. Im kontinuierlichen Lieferservice der Ästhetisierung und Musealisierung sind Kunst und Geschichte nicht mehr da. Als unzustellbare Ereignisse tauchen sie überraschend von irgendwoher auf.

Aber ich brauche nur die kleinen Kreise der musealisierten Innenstädte zu durchqueren, und ich bin im gewöhnlichen Leben, im kruden Alltag, dessen Besonderheit darin besteht, nichts Besonderes zu sein. Dieses konkrete Allgemeine (Hegel) zu sammeln und zu meinen, ist die Befreiung von der Befreiung, Freiheit. Die Welt der Lieferungen findet keinen Halt in sich selbst. In der Unscheinbarkeit des gewöhnlichen Lebens hingegen ist alles da: Glück und Elend, Torheit und Weisheit, Härte und Zartheit, die Ereignisse, die Tricks, die Vergeblichkeit und das Wunderbare.

Der fremde Alltag öffnet den Blick für den eigenen. Er enthält die ganze Welt, unergründlich in den Verästelungen, voller Überraschung in den Wiederholungen, alles das, was einem Lieferanten gemeinhin widerfährt: die notwendige Tinktur in der Chemie der Wunderkammer. Die Tour, der große Umweg, war nicht umsonst.

Ich fahre die Lieferungen aus. Das hält mich in Bewegung. In den Pausen spüre ich mein eigenes Gepäck, die Meinungen, mit denen ich mich selbst ausliefere. Sage ich überhaupt meine Meinung, oder gebe ich nur wieder, was mir zugesteckt worden ist? Der Rucksack lässt sich nicht ablegen. Nach hinten lange ich in ihn nicht tief genug hinein. Ich begreife nur, was obenauf liegt. Der Reiseführer, der mich lenkt, muss wohl tiefer in meinem Rucksack sein. Ich kann nicht lange stehen bleiben und nachforschen. Im Stillstand ist das Gepäck zu schwer. Wenn ich in Bewegung bin, auf Fahrt, wird es leichter.

So kurve ich herum und versuche, das Gepäck loszuwerden, mich zu befreien. Unter die Bestellungen, die ich ausliefere, schiebe ich immer auch Gepäckstücke von mir. Ich liefere, was gar nicht bestellt war. Mein Gepäck wird trotzdem nicht weniger. Ich werde es einfach nicht los. Eine solche Lieferung, die man ausliefert, ohne sie loszuwerden, die nicht einmal bestellt war, ist eine Überlieferung, Tradition. Sie verschwindet nicht, wenn man sie abschafft, und geht andere Wege, als man meint, wenn man sie weiterreichen will.

Die Überlieferung wird man nicht los, man wird ihr nur inne. Wahrgenommen kann sie zur Sprache gebracht werden oder, besser noch, ihre Sprache finden und damit leichter werden. Leicht geworden gibt sie mich frei und hilft mir als Ratgeber, ein Reiseführer, den ich lesen kann. Musik, Gesang und Bilder, zeugende Sprache, bauen die große Wunderkammer, in der sich die Tradition erneuert.

Die Überlieferung ist mir auf den Rücken gebunden. In sie eingeschnürt schleppe ich die Geschichte mit mir herum und werde sie nicht los. Geschichte ist das, was mir passiert ist, mich passiert hat, was über mich hinweg und durch mich hindurch gefahren ist, erzählte, aufgeschriebene, untersuchte, verfälschte, verschwiegene, vergessene, abgebrochene Geschichten. So sind Jahrtausende durch mich hindurch gefahren und haben ihre Spuren hinterlassen. Geschichte ist Leidensgeschichte.[34] Das Wenigste weiß ich von ihr. Aber sie hat meine Meinung gestimmt. Meine Meinung überliefert ihre Stimmen. Die Anderen hören sie eher heraus als ich selbst. Ich werde die Geschichte nicht los und kann sie nie richtig zur Sprache bringen. Was ich meine, ist einseitig, eine Meinung in der Gemeinschaft von Meinungen. Könnte ein Konzert der Meinungen und Gegenmeinungen die ganze Überlieferung zum Klingen bringen?

Die Tradition hält mich. Ich halte mich an sie und stoße mich von ihr ab. Unvermeidlich reiche ich sie weiter, unvermeidlich unzulänglich. Die Weitergabe geht daneben. Die Tradition, nie auf der Höhe ihrer selbst, verrät sich selbst, ist immer im Streit mit sich. Gebieterisch wird darum oft eine bestimmte Version der Geschichte, zumindest ein Teil von ihr, zur richtigen Meinung und für endgültig erklärt. Das sind die dogmatischen Legenden in den Familiengeschichten, in den Religionen und Wissenschaften, der vorgeschriebene Halt.

Ich will das Bündel auf meinem Rücken losschnüren. Aber ich habe Angst vor der Auflösung, dass alles locker und lose wird, nichts mehr haltbar ist, nichts, woran ich mich halten kann. Wo ist eine Lösung, die hält? Zwischen Auflösung und Dogmatisierung bewegt sich das Sammeln von Erfahrung. Es strebt nach Vollständigkeit und muss doch offen und unabgeschlossen bleiben. Lose sammelt sich die Erfahrung um Brennpunkte, die sich mit den Erfahrungen mitbewegen.

Die Musealisierung tränkt die Überlieferung mit der Empfindung für ein verlorenes Ganzes. Das einzelne, erhaltene Bruchstück ruft im Museum eine untergegangene Welt, eine vergangene Zeit hervor. Die Last der Geschichte wird zur Sehnsucht nach dem Verlorenen. Die Musealisierung übersetzt das Gewicht im Rücken nach vorn in suggestive, die Vergangenheit spiegelnde Bilder. Die Geschichte wird genießbar, konsumierbar, lieferbar. Das Paradox der Überlieferung entgleitet: los zu werden, was passiert ist; weiterzureichen, woran man festhält; etwas zu bewahren, indem man es verrät, weiter- und weggibt.

Gemeinhin wird die Geschichte in Büchern, Ausstellungen und Denkmälern überliefert. Diese Tradition zeigt vor, was sie weiterreichen will. Sie will mich belehren und einsammeln, ich aber muss mich sammeln. Um diese Überlieferung herum lebt eine unscheinbare Tradition, die Liturgie des Alltags: »das, was das gemeine Volk vollbringt«, die guten Sitten, die richtigen Meinungen, die Antworten auf das, was einem täglich widerfährt. Hier ist alles da.

Die Sprache tropft

Die Sprache tropft. Schalamow, Čechov, Milne, Lorca, Rulfo.

Als die Menschen begannen, dauerhafte Bildnisse zu schaffen – vor ungefähr vierzigtausend Jahren, nimmt man heute an – haben sie längst gesungen und gesprochen. Ihre Sprachen und Gesänge werden voll von starken Bildern gewesen sein, wie sie noch in den homerischen Epen aufleuchten. Da greifen einmal die Troer Odysseus an »wie den Keiler im Kessel die Hunde und rüstigen Jäger treiben, er tritt aus dem Holze des dichtverwachsenen Lagers, wetzt den blinkenden Zahn im gebogenen Rüssel, und jene stürzen sich auf ihn« (Ilias 11, 414). Das Tier ist Beute, Opfer, Gottheit. Es ist Nahrung und Rettung.

Das Schwein bricht aus dem Gehölz, der Frosch springt aus dem Gebüsch. Da sind sie. So entspringen die Bilder der Sprache und brechen ein in die gestaltbare dingliche Welt. Sie sind den Dingen nachgebildet und doch der Sprache entschlüpft. Aus ihr haben sie die Bedeutung mitgenommen, die sie in Gesang und Sprache längst hatten, die Macht zu beschwören, zu bannen oder einfach nur zu prunken und zu prahlen.

Ein Bild erscheint. Es tritt oder springt hervor aus seiner Umgebung wie ein Ereignis in einer Geschichte, ein Wesen, ein Geschehen. Das Bild hat Macht. Es ist mehr als bloß ein Bild. Es fesselt oder schreckt ab. Es bedeutet etwas, auch wenn nicht immer klar ist, was.

Die Sprache bringt die Bilder hervor. Dieser bildnerischen Kraft wegen nennt Humboldt sie *Energeia*. Die Sprache quillt über, Kraft im Überfluss. Die Sprache tropft. Die Tropfen sind die Bilder, flüssig und von zarter Kohärenz. Wenn sie gerinnen, schmecken sie nicht mehr. Das Bild ist ein Augenblick im Geschehen.

Die Sprache tropft von süßer Milch. Die schmeckt gut. Die Tropfen betören. Das macht sie verdächtig. Die Bilder, Gleichnisse und Metaphern verführen womöglich die Wahrnehmung, die Erkenntnis und das Denken. Verstellen sie nicht den Blick auf das, was tatsächlich passiert? In der Schule des Verdachts schmilzt die Sprache wie Schnee und Eis. Wieder tropft es. Aber man kann der Sprache nicht misstrauen, ohne sich letztlich doch wieder auf sie zu verlassen. Man sägt an dem Ast, auf dem man sitzt, und fällt, wenn er bricht, nicht auf den Boden bloßer Tatsachen, sondern wie Pu der Bär auf den nächst unteren Ast der Sprache.

Schnee. Die Unterwelt ist die gewöhnliche Welt, nur nicht so gemäßigt, sondern heiß wie Mexiko und kalt wie der sibirische Winter. Warlam Schalamow beginnt seine »Erzählungen aus Kolyma« mit Schnee in Sibirien. Schnee, soweit das Auge reicht. Neuschnee. Fünf, sechs Männer trampeln einen Weg durch den Schnee. Einer der Männer geht voran und gibt die Richtung vor. Die anderen folgen ihm Schulter an Schulter. Sie treten nicht in seine Fußstapfen, sie treten um seine Fußstapfen herum einen Weg fest, auf dem dann Schlitten und Traktoren fahren können. Wenn der Vorangehende müde geworden ist, wird er von einem der Nachfolgenden abgelöst. Und so geht es weiter.

Die Männer sind Strafgefangene. Sie machen Wege und können auf ihnen nicht entkommen. Die Wege verlaufen zirkulär im Schnee. Das Lager bräuchte eigentlich keine Zäune und Wachtürme. Die Kälte friert die Gefangenen fest, entzieht ihnen die menschliche Wärme und lässt ihnen nur noch den Trieb, irgendwie zu überleben.

Windstille muss herrschen, wenn man die Wege festtritt. Sonst verwehen sie wieder. Es ist zu kalt, den Mund aufzumachen. Niemand spricht. Die Sprache spricht. Der Schnee ist die Sprache. Sie hat sich über alle Dinge gelegt. So entsteht die Welt der Menschen, der sprechenden Tiere. Sie sind in der Sprache gefangen. Ein Mantel von

Lauten, Zeichen und Bedeutungen bedeckt, was wir wahrnehmen. Die Zeichen zeigen auf andere Zeichen. So erst tauchen für uns die Dinge auf. Sie bedeuten etwas. Wenn wir die Bedeutung nicht gleich erfassen, suchen wir nach ihr. Was bedeutet das Gehen durch den Schnee am Anfang der Geschichten aus einem sibirischen Gefangenenlager? Wenn die Männer im Neuschnee die Dichter sind, ist ihr Einsinken nicht nur Qual.

Die Wege im Schnee verlaufen im Kreis. Der Vorangehende im Neuschnee sinkt tief ein. Doch der Grund, auf den er sinkt, ist wieder Schnee, verharscht und vereist. Wann stoße ich endlich auf den Boden? Wir gehen auf festen Wegen, weil sie längst festgetreten sind. Doch die Dichter, die Liebhaber der Sprache, stapfen durch den Neuschnee. Das Einsinken ist ihr Glücksgefühl, für Augenblicke den Boden unter den Füßen verlieren, das langsame Stürzen in die zarte, weiche Hülle, bis sie irgendwo wieder aufkommen, erfrischt, belebt, befreit von den festgestampften Bedeutungen. Der Sinn ist leicht geworden. Von der Sprache gefesselt, sind sie begeistert und befreit und können von der Hölle berichten.

Noch einmal Winter in Russland, Schnee, Frost und klarer Himmel, aber milder als in Kolyma. Ein Junge und ein Mädchen rodeln den Berg hinunter. Das Mädchen hat Angst. Sie will nicht. Der Junge hat sie überredet. Er hat vielleicht auch

Angst. Wann hat er schon einmal ein Mädchen im Arm gehabt? Während der Schussfahrt des Schlittens flüstert er ihr fast wie einen Kuss ins Ohr: »Ich liebe Sie, Nadjenka.« Nadjenka glaubt, nicht recht gehört zu haben: Ist es der Fahrtwind, aus dem sie diese Worte heraushört, oder kamen sie von dem Jungen hinter ihr? Sie traut sich nicht zu fragen und will es dennoch wissen. Darum fährt sie trotz aller Angst wieder und wieder mit dem Jungen den Berg hinunter. Und der flüstert ihr jedes Mal den einen Satz ins Ohr. Schließlich macht sie die Gegenprobe und fährt todesmutig allein auf dem Schlitten den Berg hinab. Doch sie erlangt keine Gewissheit.

Kleiner Scherz nennt Anton Čechov diese Geschichte. Er besteht darin, Nadjenka damit zu quälen, ob das, was sie gehört hat, auch gesagt worden ist. Sie wollte es vielleicht nur hören. Und wenn sie den Jungen hinter sich auf dem Schlitten den Satz wirklich hätte sagen hören, hätte sie nicht sicher sein können, dass er auch ernst gemeint war. Der Junge versteckt sich hinter seinem Scherz. Zur Rede gestellt hätte er das Gehörte auf den Wind geschoben. Er weiß wahrscheinlich selbst noch nicht, dass hinter seinem Scherz ein Ernst verborgen ist, den er nur scherzhaft zu äußern wagt.

Die Sprache spricht. Wind, Ohrensausen. Das Mädchen glaubt, etwas gehört zu haben. Auch der Junge hat etwas gehört oder gelesen, weiß aber noch nicht, was es bedeutet. Er probiert den Satz einfach aus. Hat das, was er vage fühlt, etwas mit dem zu tun, was Liebe genannt wird? Ruft womöglich das Wort dieses Gefühl überhaupt erst hervor?

Die Welt ist verschneit, alles in Sprache gehüllt. Über allem liegt Schnee. Wege sind in ihm festgestampft und eingefahren, Worte, Sätze, die unser Verhalten und Gefühl bahnen. Die Liebe ist ein steiler Weg, abschüssig, eine Rodelbahn. Man möchte am liebsten zu zweit fahren, von einem festgehalten, wenn der Schlitten Fahrt gewinnt und nicht mehr zu bremsen ist. Wird er wenigstens die Spur halten? Der Verlust von Kontrolle muss aufgefangen, die Angst vor ihm in Kauf genommen werden.

Die Liebhaber der Sprache genießen das Einsinken in den Neuschnee, die Liebenden die Angst und Lust, sich fallen zu lassen, nicht senkrecht hinunter, sondern schräg, die rasende Schlittenfahrt ohne Bremse, aber mit Auslauf. Der Junge probiert die Worte aus, dem Mädchen genügt schon das ungewisse, berauschende Gefühl, geliebt zu werden.

Die Sprache legt dem Jungen einen ungeheuren Satz in den Mund. »Ich liebe Sie, Nadjenka.« Das altmodische Sie hebt den Abstand hervor, den die Liebe mit Hilfe der Sprache überwinden will. Der

Satz ist keine Aussage über einen Sachverhalt, sondern – als Scherz in der Schwebe gehalten – Ausdruck eines Verlangens. Die Sprache verlängert den Arm. Ich möchte etwas erlangen, erreichen. Die Liebe bewegt sich in der Spannung zwischen Verlangen und Verzicht, zwischen Begierde und Selbstlosigkeit. Je selbstloser sie ist, desto mehr kann der Gegenstand der Begierde zu einer Person mit Namen werden. »Ich liebe Sie, Nadjenka.« Das Wort fordert eine Antwort und fürchtet sich zugleich vor ihr. Wer spricht, riskiert etwas, er gibt sein Wort. Das bindet ihn. Der Junge müsste die Unverbindlichkeit des Scherzes aufgeben und wäre abhängig von der Antwort. Sie kommt wiederum von einer Person, sei sie Mensch, Tier, Blume oder Stofftier. Die Sprache ist der Liebe ähnlich. Auch sie bewegt sich zwischen Verlangen und Verzicht, Habenwollen und Seinlassen. Sie ruft, befiehlt, jammert, verflucht, beschwört, schwindelt, verführt, behauptet dies und das und versucht zu beschreiben, berichten, erzählen, was passiert ist, so zutreffend wie nur irgend möglich.

Das Mädchen traut sich nicht zu antworten. Der Junge flüstert ihm von hinten ins Ohr. Sie sind noch nicht einander zugewandt. Von Angesicht zu Angesicht zählt jedes Wort, der Tonfall, der Augenblick, das Unausgesprochene wie das Ausgesprochene. Ein falsches Wort, und ich breche ein in einen verharschten Untergrund, eine glückliche Wendung, und der Schlitten gewinnt an Fahrt. Der Ernst stockt, der Scherz kann über seinen Einbruch hinweggleiten, ohne ihn zu verleugnen. Dieser zarte Augenblick – fiel überhaupt ein Wort? – kann erzählt und aufgeschrieben werden.

Lieder. Das Mädchen hört etwas. War es der Wind oder der Junge hinter ihm? Auch der Junge hat etwas aufgeschnappt und flüstert es weiter. Die Wege im Schnee verlaufen im Kreise. Man entdeckt Spuren im Schnee, geht ihnen nach und merkt: Es sind die eigenen. Don Quijote liest den ersten Teil seiner Abenteuer und ärgert sich, dass sein Autor sie nicht richtig darstellt. Eine ähnliche Geschichte geht so: Eine Person in der Erzählung bittet den Erzähler, für ihren Freund eine Geschichte zu erzählen. Was für Geschichten mag denn der Freund? Geschichten über ihn selbst. Da sitzt der Freund am Kaminfeuer, hört seiner eigenen Geschichte zu und wirft gelegentlich etwas ein: Pu der Bär, ein Stofftier, das von einem Jungen geliebt wird, der Christopher Robin heißt. Der Erzähler ist Alan Alexander Milne.

Pu der Bär ist ein Freund von Christopher Robin aus früher Kindheit. Der Junge entwächst ihr gerade. Der Bär bleibt in ihr und begleitet den Jungen noch eine Zeitlang wie ein Nachhall aus einer entrückten, verzauberten Welt. Die Begriffe zur nachträglichen Beschreibung dieser Welt des allerersten Neuschnees sind in der Sprache längst gebahnt und festgetreten. Doch manchmal gelingt es den Dichtern, den harschen Grund zu lockern und leicht zu machen.

Pu der Bär ist langsam und einfältig. Das liegt nicht daran, dass er mit dem Kopf gegen jede Stufe schlägt, wenn Christopher Robin ihn kopfüber die Treppe herunter hinter sich herzieht. Es ist die Anmut des kleinen Kindes, die der kleine Bär in sich wahrt. Er tritt aus seinem Baumhaus heraus und hört ein Summen, kein Sausen des Windes oder die Windstille. Das Summen kommt von den Bienen, denkt er Schritt für Schritt, Stufe um Stufe. Die Bienen machen Honig. Und der einzige Grund, Honig zu machen, ist, dass ich ihn essen kann, schließt er in argloser Selbstbezogenheit. So klettert er Ast um Ast langsam den Baum hinauf und singt dabei ein kleines Lied für sich: »*Isn't it funny / how a bear likes honey / buzz buzz buzz / I wonder why he does.*«

Nadjenka hört aus dem Fahrtwind ein »Ich liebe Sie.« heraus. Pu der Bär fällt in das Summen der Bienen ein, ihm fällt ein neues Lied ein. Er liebt Lieder, besonders seine eigenen. Dichterisch wohnet der kleine Bär. Die Zeit dehnt sich zu poetischen Momenten: Rhythmen, Reimen, Melodien. Die Worte schweben wie Schneeflocken. Dann bricht ein Ast, und er fällt hinunter. Auch das geschieht fast schwebend. Die Äste fangen ihn auf, brechen durch, der Bär fällt auf den nächst unteren, bis er in einem Ginsterbusch landet. Selbst dessen Nadeln in seinem Pelz können ihm nichts anhaben. Anders als kleine Kinder ist Pu der Bär von großer Sanftmut, eben ein Stofftier, das sich alles gefallen lässt.

An den Honig ist er nicht herangekommen. Statt des Honigs schleckt er das Gedicht, wie Humbert den Namen seiner geliebten Lolita als Lolly im Munde lutscht. Die Sprache ist ein Ersatzstoff für das Süße und Liebste, die Liebste oder den Liebsten, *isn't it funny*. Sie tröstet über das Scheitern und den Verlust hinweg. Darum ist das Süße in ihr oft bittersüß. Pu gibt nicht auf. Er macht einen zweiten Versuch, an den Honig zu gelangen. Diesmal will er die Bienen ablenken, täuschen, ihnen einen kleinen Schrecken einjagen, als ob Regen käme, will sich selbst als Regenwolke tarnen. Klug ist er. So schwebt er an einem blauen Luftballon nach oben, eine dunkle Wolke am blauen Himmel, und singt für sich ein anderes kleines Lied: »*How sweet to be a cloud / Floating in the Blue / Every little cloud / Always sings aloud / ‚How sweet to be a cloud / Floating in the Blue!' / It makes him very proud / To be a little cloud.*« Als Wolke dahinzuschweben, ist so *sweet*, dass jede kleine Wolke dieses Gefühl singend wiederholt. Und Pu ist stolz, dazuzugehören. Doch die Bienen lassen sich nicht täuschen. Es ist wohl die falsche Sorte Bienen, denkt der Bär. Dann schmeckt auch der Honig nicht.

Anfangs war das Verlangen nach dem Honig. Das tritt in den Hintergrund. Jetzt ist es süß, als kleine Wolke unter dem blauen Himmel zu schweben. Aus dem entfernten Ziel wird der gegenwärtige Zustand. Die Wolke ist noch luftiger als der Neuschnee. Aus dem Einsinken und Hinuntergleiten wird ein Schweben. Das wiederum erhöht die Angst: Wie komme ich wieder auf den Boden? Pu der Bär hat gar nicht daran gedacht, dass er abstürzen könnte.

Die Sprache ist ein Dickicht, Gebüsch, Gedicht von Ästen, Zweigen, Blättern und Früchten, ein Wald. Pu klettert in den Baumkronen herum und schnuppert Honig, süßen Seim. Wenn er stürzt, halten ihn Äste und Büsche auf. Er fällt nicht auf den harten Boden. Die Sprache fängt ihn auf mit Gedichten und Geschichten. Als Christopher Robin in den blauen Luftballon schießen muss, um ihn herunterzuholen, segelt er auf den Boden. »Puh!«, soll er gesagt haben. Daher sein Name. Schrecklich, wenn über der dunklen Wolke kein blauer Himmel mehr ist.

Der schwarze Mann. Pu der Bär möchte als schwarze Wolke die Bienen ein bisschen erschrecken. Ein bisschen ist er selbst erschrocken. Wie kommt er herunter? Was, wenn die Wolke wirklich abregnen sollte? Er wäre nicht mehr. Angenommen, die Sprache taute auf und würde verrinnen. Was unter ihr hervorkäme, wäre nichtssagend, ohne Sinn: Dinge an sich, bedeutungslos. Eine leichte Beunruhigung befällt den kleinen Bären. Darum hält er sich mit steifen Armen am Himmel fest, am blauen Luftballon. Wie kann man sich nach solch einem kleinen Schrecken fallen lassen und einschlafen?

Der Bär hilft Christopher Robin einzuschlafen. Der Junge nimmt ihn mit ins Bett. Beim Einschlafen braucht er Trost, Zuspruch, ein Liedchen, Ablenkung und Verführung, damit er sich dem Schlaf ergibt, der ihn von hinten überwältigen wird. Mehr als sonst überkommt ihn beim Einschlafen das Gefühl der Verlassenheit. Ich bin allein in der Dunkelheit. Und die Gespenster der Nacht warten auf mich, die farbigen Flicken, mit denen die Sprache die Löcher in ihrem Gewebe stopft, um der Angst eine Gestalt zu geben und sie so zu dämpfen. Aber die Beruhigung beunruhigt. Sie scheint wohl nötig zu sein. Über der schwarzen Wolke ist womöglich gar kein blauer Himmel, sondern nur ein aufgeblasener Luftballon.

Kurz vor dem Einschlafen dreht sich das kleine Kind von der Mutterbrust weg und erblickt die Nachtfee, schreibt Federico Lorca. Um die Geschichte der Empfindungen zu erkunden, ist es am besten, meint er, die Süßigkeiten und Lieder, vor allem die Wiegenlieder, eines Landes zu studieren. Anders als die Denkmäler springen sie lebendig hervor wie ein Frosch aus dem Gebüsch. Sie sind alt und gegenwärtig.

Die spanischen Wiegenlieder summen, so Lorca, die Kleinen nicht einfach in den Schlaf, sie lullen nicht ein, sie erschrecken und besänftigen sie nach Art der Tragödie, eine Erregung und Reinigung der Leidenschaften durch Schrecken. Die Ammen, Zigeunerinnen, die armen Frauen vom Land, die Hausmädchen bringen diese Wiegenlieder in die Häuser der Reichen und klagen darin oft sich selbst ihr Leid. Wie Pu singen sie eigentlich für sich selbst. Das Kind, das sie in den Schlaf wiegen, ist schon ein Jahr und älter, mutmaßt der Dichter, der sich als großes Kind fühlt. Im Schlaflied saugt das kleine Kind die Muttermilch der Dichtung auf, die Sprache.

Lorca sieht die spanischen Wiegenlieder unterschiedlicher Regionen in der Spannung von zwei gegensätzlichen Rhythmen. Das Schaukeln und Wiegen bewegt sich gegen die fortlaufende Melodie und ihre Worte. Zustand und Handlung, Stimmung und Verlangen, Heimliches und Unheimliches kommen hier zusammen. Das Wiegenlied ist Beruhigung und Beunruhigung in einem. Es lenkt das widerspenstige Kind, das nicht schlafen will, mit einer rätselhaften Geschichte ab, führt es besänftigt zurück und lässt es erschöpft einschlummern. Unter vielen Beispielen hebt Lorca ein Wiegenlied aus seiner Heimatstadt Granada hervor: »*A la nana, nana, nana / a la nanita de aquel / que llevó el caballo al aqua / y lo dejó sin beber.*« In der Übersetzung von Enrique Beck, der die ersten beiden Zeilen sehr frei übersetzt: »Schlaf nur, schlafe, schlafe nun, schlafe / schlaf, wie der's dahinten macht / der das Pferd ließ ohne Tränke, als er es zum Wasser bracht.«

Das Summen schläfert ein und erregt Aufmerksamkeit: *buzz buzz buzz.* Wo Bienen sind, ist auch Honig, denkt der schläfrige kleine Bär und wird wach. Das beruhigende lautmalerische *nana nana nanita* leitet über zu dem, der das Pferd zum Wasser führte und nicht trinken ließ. Wer ist der? Warum macht er das? Das Kind wird in eine Geschichte hineingezogen und ermüdet. Den, der das Pferd zum Wasser führt und nicht trinken lässt, sieht das Kind nur von weitem und von hinten, eine undeutliche Gestalt, die es ausmalen muss, ohne an ein Ende zu kommen. Es sieht ihr nicht ins Gesicht. Diese Gestalt ist keine Person, ein schwarzer Mann, *un coco*, unheimlich und böse, ein Dämon.

Die kleinen Kinder können sich nicht mehr im Pelz der Mutter festkrallen und herumtragen lassen. Sie müssen irgendwo abgelegt werden. Denn die Mütter haben zu tun. Die Kleinen fühlen sich verlassen. Gesang und Sprache überbrücken die Entfernung, schreibt Dean Falk. Der Singsang der Ammen besänftigt und erweckt zugleich den Verdacht: schwarze Wolken, Verlassenheit, Angst. Die weiße Decke, die mich einhüllt mit Sinn und Bedeutung, kann schmelzen. Ich bin ein Schneemann. Die Geschichten gehen nicht immer gut aus. Das gute Ende ist ein schlechter Scherz. Auch das Böse wird belohnt und das Gute bestraft. Der arme Hiob schreit deshalb zu Gott, und der antwortet aus dem Sturm. Hört Hiob richtig? Eine Stimme antwortet, ohne zu antworten. Geschichten passieren. Ich komme nicht auf ihren Grund. Ich stoße auf verharschten Schnee und falle in die Büsche.

Milch und Honig. Mittagshitze in Mexiko. Die Grillen zirpen. Wären sie still, hörte man das Geschrei der Verdammten, meint der Junge. Darum isst er die Grillen nicht. Sonst isst er alles, das Futter für die Schweine, Frösche, Kröten, Hibiskusblüten, die Portion, die Felipa ihm überlässt. Der Junge ist unersättlich, lebenshungrig, denn er hat Angst zu sterben. Dann kommt er, glaubt er, geradewegs in die Hölle, ohne Halt im Fegefeuer, wo seine Eltern sind. Die will er unbedingt noch kennenlernen.

Der Junge, den Juan Rulfo beschreibt, ist verwaist und verrückt. Der Dichter beschreibt ihn nicht von außen. Er lässt ihn zu sich selbst reden wie Pu. Wir hören ihm beklommen zu. Die Welt ist verrückt, ein Gefängnis, aus der Offenheit in die Verschlossenheit gerückt. Den Kopf bumst der Junge immer wieder gegen Wand und Boden. Wenn er schon nicht aus der Verrücktheit herauskommt, möchte er wenigstens in den Taumel von Trommeln und Flöten bei den Prozessionen geraten. Geht er auf die Straße, wird er mit Steinen beworfen. Weil er die Kruste seiner Wunden wegreißt und sein Blut leckt, bindet ihm die Patin die Hände zusammen. Der Junge leckt alles ab, steckt alles in seinen Mund und spricht es in sich hinein. Er ist unmündig, er hat einen Vormund, seine Patin. Das Blut ist nicht so lecker wie Felipas Milch. Der Junge soll einen Menschen fast erwürgt haben. Er kann sich nicht daran erinnern. Die Patin sagt es. Er glaubt ihr. Sie sperrt ihn in sein Zimmer. Da macht er kein Licht an, damit die Sünden ihn nicht finden, und zerdrückt die Kakerlaken wie Knallerbsen.

Jetzt hockt er am Abflussgraben des Hauses und wartet darauf, dass die Frösche herauskommen. Die will er totschlagen, weil ihr Quaken seine Patin beim Mittagsschlaf stört. Der Junge bewacht ihren Schlaf. Verkehrte, verrückte Welt. Darum darf er selbst nicht einschlafen. Um sich wach zu halten, spricht er zu sich selbst in einem fort.

Die Patin ist streng. Aber sie sorgt für ihn. Felipa, die Köchin, hingegen nährt ihn. Felipa ist seine Amme. Manchmal ist sie zu ihm in sein Zimmer gekommen, hat sich auf ihn gelegt, und er konnte an ihren Brüsten saugen. Dann haben sie sich gekitzelt. Warum kommt Felipa nicht mehr in sein Zimmer? Der Junge – wie alt ist er, womöglich schon ausgewachsen? – lebt wie ein kleines Kind in einer Welt frei von Moral und Anstand und zugleich in einer Welt voll von Angst vor Teufeln, Hölle und Sünden.

Felipa geht jeden Tag für ihn zur Beichte und beichtet die Sünden des großen Säuglings. Felipa, *nutrix miserorum*, *honey*, *Deborah*, *Melissa* – gegrüßet seist du, Maria! – spendet ihm Milch so süß wie der Honig, der unter den Hibiskusblüten heraussickert, und sorgt für die Absolution. Milch ist die Sprache, die Lossprechung aus Qual und Wahnsinn, Befreiung, Milch, im dunklen Weltraum verspritzt und zu Straßen geronnen. Der Junge heißt Macario: der Glückliche. Felipas Milch macht ihn glücklich. Er saugt Süßes ein, womit er seine Welt voller Angst und Wahnsinn erzählen und loswerden kann. Die Menschwerdung ist eine Infektion mit dem Virus der Sprache, schreibt Terence Deacon. Mütter und Ammen schaukeln sie hoch, bis sie aus dem Mund der Kinder heraussprudelt. Spielend und halblaut vor sich hin murmelnd erschaffen sie eine Welt. Wer weiß, ob alles in ihr etwas zu bedeuten hat? Die Sprache spinnt mich ein, aber ich kann mich in ihr aussprechen. Personen tauchen auf. Ich bin eine von ihnen. Ich liebe Sie, Nadjenka. Wenn Sie mich zurückweisen, hasse ich Sie. Ich kann eine Person anreden und darum auch zu mir selbst reden, mir ein Liedchen singen. Das Virus befällt die Liebe, hilft ihr flüsternd bei der rasenden Fahrt durch Verlangen und Verzicht und bietet bittersüßen Ersatz, ein neues Verlangen. So oder so muss etwas Süßes her.

Der schwarze Mann, der seine Pferde nicht trinken lässt, macht auch mich durstig. Kam etwas dazwischen? Ist er unversehens eingeschlafen? War das Wasser in der Tränke verschmutzt? Oder ist er einfach böse, ein Dämon? Der Verzicht auf Erklärung lässt die Fantasie nach allen möglichen Erklärungen suchen. Das Ohr hört Stimmen im Wind. Die Lautzeichen der Sprache, die Worte, schwellen an, werden Drüsen, Knospen, Früchte, die süßen Saft absondern. Die geschwollenen Zeichen sind Bilder, Metaphern. Sie tragen mich vom tiefen Schnee hoch zum Baum, dessen Äste brechen und den kleinen Bären doch immer noch auffangen können. Die Sprache: Halt ohne Halt, Halt nur in der Bewegung. Die Bilder müssen flüssig bleiben, weitertragen und dabei abschwellen. Sonst werden sie Gespenster. Die Bilder sind Sprachbilder, Augenblicke in einer Geschichte. Etwas passiert, kommt und geht vorüber. Ein Mann stapft durch den Schnee, andere

Männer hinter ihm her. Warum fährt kein Traktor voran. Die Dichtung zuerst, dann die Technik. Der kleine Bär ist ein Dichter. *Isn't it funny, how a bear likes honey?* Er weiß es nicht, würde es gern wissen. Macht aber nichts. Es reimt sich. Die Sprache reimt alles zusammen. Sie stopft die Löcher der Angst mit Flicken, die noch mehr ängstigen. Macario hat eine Höllenangst und genießt sein Leben mit Milch und Honig. Nadjenka genießt die Angst der Schlittenfahrt in der Erwartung, den einen Satz immer wieder zu hören. Pu genießt seine Lieder als Vorfreude auf den Honig, der Dichter das Einsinken in die Sprache. Leben ist Genuss, genießen, was süß, und erleiden, was bitter ist. Die Sprechenden werden Personen. Die Sprache schenkt ihnen Freiheit und Verbindlichkeit. Noch im Scherz steckt darum Ernst und in der Lüge Wahrheit. Personen verantworten, was sie sagen, geben Antwort auf Widerrede. Hiob klagt gegen seinen Schöpfergott. Don Quijote beschwert sich bei seinem Autor Cervantes. Der sanfte kleine Bär aber brummt zustimmend, während er seiner Geschichte lauscht.

Indem die Sprache alles zusammenreimt, kann sie auch das zur Sprache bringen, was sich gegen den Reim sperrt, Schrecken, Zufall, Widersinn, Schmerz, das Rätselhafte im Verständlichen. Einschlafen soll ich wie der Mann da, der die Pferde zum Wasser führt und nicht trinken lässt.

I wonder why he does. Ich sinke in Erklärungen ein und komme auf keinen Grund. Höre ich Stimmen oder den Wind? Ich höre nur, was ich verstehe. Womöglich sagt die Sprache gar nichts, wenn sie spricht. Alles nur Ohrensausen. Doch im Lärm höre ich das Geschrei der Unglücklichen: Ich liebe Sie, Felipa.

Die Sprache ist ein Gesumm. Die Bienen summen, sie holen den Honig nicht aus den Blüten, wie man früher glaubte, sondern produzieren ihn. Die Sprache stärkt das Vertrauen und lebt doch selbst vom Zutrauen. Sonst taut sie auf. Sie gibt Halt im Nachgeben. Ich sinke ein, die Äste brechen unter mir. Sie beruhigt, indem sie beunruhigt. Der Schnee taut. Das Wasser verrinnt und verdunstet. Büsche, Bäume, Wolken aber wachsen. Milchstraßen in der Nacht. Und dann springt, schreibt Lorca, ein praller grüner Frosch aus dem Gebüsch, ein plastisches Wort – ein Inbild oder Einbild, *inscape*, nennt es Hopkins – und hüpft weiter. So irgendwie springt der Geist aus der Natur hervor. Und auf einmal ist da überhaupt erst Natur mit Milch und Honig, mit Worten, die Wucht und Bedeutung haben, die trösten, umwerfen, aufhellen, lossprechen und binden. Ja, die Sprache.

aua

Was passiert ist, ist passiert, lässt sich nicht rückgängig machen. Die Erinnerung geht zurück, die Zeit läuft weiter nach vorn. Passiert ist passiert. Leicht gesagt, im Unglück schwer auszuhalten. *Aua* kann man rückwärts lesen, aber der Schmerz ist damit nicht weg und das Ereignis nicht ungeschehen. Die Symmetrie der drei Buchstaben täuscht über Klang und Bedeutung. Die ersten beiden Buchstaben bilden einen Doppellaut, am Ende ein reines A. Betont wird der Doppellaut, die erste Silbe. *Aha!* Auch dieser Ausruf lässt sich rückwärts lesen. Hier aber ist das erste A nur der Auftakt zur betonten, zweiten Silbe, ein angehauchtes A, ein H. *Aua* und *aha* erweitern die einsilbigen Ausrufe: *Au*, das hat weh getan! *A*, ich hab's – verstanden oder entdeckt! Meist freudige Überraschung, wenn das *A* nicht allzu kurz angebunden ist. Das A ist wandlungsfähig und nuancenreich. Lang gezogen und etwas tiefer gestimmt drückt es Wohlbehagen aus, Lust, Entspannung. Dieses lange *A* dringt auf Dehnung des Augenblicks und Wiederholung. Entdeckung und Schmerz aber scheiden das Vorher vom Nachher. Ein Ha steigert das A zum Aha. Dagegen klingt mit dem *A* am Ende von *aua* der Schmerz aus.

Im Französischen ist das Au ein *aie* oder *ouille*, der direkte Übergang von einem A oder U zu einem schrillen, schmerzhaften I, das in einem J zum Stillstand kommt. Das Aua kann noch einmal erweitert und weiter verharmlost werden: *auweia. Autsch* unterstreicht das Einschneidende und Unversöhnliche des einsilbigen Au und beendet den Schmerzensschrei konsonantisch. Er soll weg- und abgeschlossen werden. Doch das T kann ihn nicht bremsen. Zischend erst erlischt er.

Das Leben geht dahin mit Getue und Gerede. Dazwischen Ausrufe wie *a* und *au*, *aha* und *aua*, Interjektionen. Etwas ist dazwischengekommen: Freude, Schmerz. Dann legen sich Schrecken und Überraschung: Entspannung, Ausatmen, langes *A*. Etwas ist unwiederbringlich vergangen. *Ach ja*. Wehmut, kein stechender Schmerz, nur ein lindes Aua, ein Weh mit langem E.

Die Buchstaben der Lautschrift versuchen, mit graphischen Zeichen den Klang der Rede abzubilden. Nicht jeder Laut hat ein eigenes Zeichen. Für Doppellaute werden zwei Buchstaben gebraucht, so auch für au. Ist es ein Doppellaut oder ein Laut, den man mit zwei Buchstaben bezeichnet? Er beginnt wie a und endet wie u. Doch sind in ihm beide Vokale einsilbig verschmolzen.

Das Maul geht auf und zu, u ein geschlossener Vokal, a ein offener. Ich gehe aus mir heraus und ziehe mich auf mich zurück. Ich war zu offenherzig, leichtsinnig, unbedacht, muss vorsichtiger sein. Zurückhaltung, Selbstbeherrschung. Ich muss lernen, meine Offenheit zu verstellen, zu verschließen, die Körperöffnungen zu kontrollieren. Miene und Haltung verraten mich. In allen Bewegungen äußere ich mich, kann den Mund nicht halten, beiße mir auf die Lippen, halte die Luft an, und trotzdem entfährt mir ein *Au*. Die alten Philosophen sollen sich so gut beherrscht haben, dass sie einfach ihren Atem anhielten, wenn sie es an der Zeit fanden zu sterben.

Ein Überfall von Schmerzen mündet augenblicklich in Gebrüll und Geschrei und geht über in ein tonloses Ächzen, Wimmern und Stöhnen. Der Laut bleibt im Rachen stecken. Das vokale *Au* ist dagegen schon auf dem Weg zur Stimme, zum flüssigen Sprechen. Der übliche Ausdruck, die gewohnten Zeichen und Laute, sind wieder da, a und u miteinander verschmolzen, ein heller und ein dunkler Vokal, helldunkel wie das Leben, Grautöne, Licht und Schatten, da ein strahlendes A, dort vom U verschluckt, meistens aber vermischt. Ein Glück, am Ende wieder ein A! Alles gut? (Schon wieder a und u). Hoffentlich.

Wenn a und u aus dem Rachen in die Mitte der Mundhöhle rücken, wenn der Schrei schicklich wird und aus der Lautmalerei Literatur, dann kommt ein O weh! heraus. Im Aua steht der Übergang vom *Au* zum abschließenden *A* schon kurz vor einem stimmhaften *W*. Das *O weh*! lässt die Lippen vibrieren. Sie entlassen eine langes, verhallendes *E*. Am Wortanfang ist aus dem offenen, ordinären *A* ein feines, spitzes *O* geworden. Auch das *Oho* klingt gegenüber dem *Aha* gehobener und spöttischer.

Die Schriftsteller beugen sich über ihre Romanfiguren, die sie aufgestellt haben, und lassen sie übereinander purzeln: *o weh*! Der Ausruf hat sich weit vom Wehgeschrei des Aua, vom Überfall der Schmerzen, entfernt und kommentiert den Jammer mitleidig und betulich von außen. Der Erzähler kann das schlimme Ende schon kommen sehen. Die Fähigkeit zur Voraussicht macht den Schmerz aber auch zur Waffe. Leiden und leiden machen und immer so weiter. Wehe dir, wenn du nicht tust, was ich dir sage! *Vae victis*! *Wehe, wehe*! Das lange E wird durch ein tonloses erweitert und der ganze Ausruf verdoppelt. Rache, Drohung, Disziplinierung. Wer herrscht über die Schmerzen?

Wo tut es weh? Was spürst du: ein Stechen, Reißen, Bohren, ein Ziehen, Drücken, Bedrückt-Sein? Schwer zu beschreiben. Was war da, bevor es begann, weh zu tun? Wohlbefinden, Unauffälligkeit, Aufmerksamkeit auf etwas Anderes? Das

Aua und seine Abwesenheit sind vielgestaltig. Der Arzt versucht, die Schmerzen zu verscheuchen. Aber auch das tut oft weh. So zieht sich das lange *E* weiter hin.

Ich folge Spuren. Ich spüre etwas, Lust, Schmerz, folge ihnen und finde die Stelle, die empfindlich ist: *au*, *a* oder beides zusammen. Die Stelle, gefunden, empfunden, ist nicht fest umrissen, unscharf wie der rein vokale Schrei. Was ist passiert? Konsonanten müssen her zur Verdeutlichung. So kann ein Ereignis beschrieben, eine Geschichte berichtet werden. Die Spuren sind oft undeutlich, das Gespür nicht immer gleich zur Stelle. Es kann sich verspäten wie die Sprache. Die Stelle aber löst sich nicht auf unter den Erklärungen. Erinnerungen bleiben. Da ist etwas gewesen, passiert.

Au! Die Interjektion unterbricht die Stille oder das Gerede. Ist der lautmalerische Ausruf ein Wort oder ein Satz? Mir tut etwas weh. Zur Hilfe! Bitte die empfindliche Stelle nicht anfassen! Oder ein Schrei vor jeder Absicht? Aus der Interjektion ist längst ein Hauptwort der Kindersprache geworden, in der die Erwachsenen die Kinder ansprechen, ein Aua. Der Schmerz wird verkleinert, verniedlicht. Das Aua ist ein Wehwehchen.

Im Helldunkel des Lebens werden Elend, Jammer, Schmerzen von da nach dort vertrieben. Kein Lichtblick ohne Schatten, kein A ohne U. Für die Kinder noch ein A ans Ende, sagen sich die Erwachsenen und hoffen selbst drauf. Die Menschen sind wehleidig. Sie machen viel Tamtam um ihre Wehwehchen. Die Tiere leiden stiller, zurückhaltender. Die menschliche Ausdrucksstärke verstärkt und erleichtert zugleich das Leiden. Der Jammer greift über. Leid weckt Mitleid: praktische Hilfe und Einstimmen in die Wehklage. Weil die Menschen wehleidig sind, kommen sie nicht ohne Tapferkeit aus und verbannen den Jammer gern in die Kindersprache, damit er ihnen nur als kleines Wehwehchen herausrutscht.

Die meisten Ereignisse gehen an mir vorüber, manche treffen mich. Die Empfindung spürt sie auf: Schmerz, Freude, oft durcheinander. Was bleibt am Ende: u oder a? Das A am Ende von *aua*, verstohlenes *happy end* im Grau des Lebens, mildert das harte, kurze *Au* und lässt Hoffnung auf einen neuen Anfang. Aber passiert ist passiert.

Mit *aua* ist eigentlich alles gesagt. *Oho*! Das Leben dauert, aber dann geschieht etwas: *A*! Ich spür's, es tut weh. Zum A kommt ein U dazu. Hoffentlich geht es gut aus in einem zweiten *A*!

Das Geländer

rauf und runter

Ich brauche Boden unter den Füßen. Denn ich kann nicht fliegen. Im Wasser gehe ich nach einiger Zeit unter. Ich brauche den Boden, um mich auszuruhen, auch wenn er unter mir schwankt. Wir leben mit der Erdenschwere. Darum ist das Hüpfen und Springen so schön.

Die kleinen Kinder strampeln mit Händen und Füßen, drehen, wälzen sich, beginnen auf allen Vieren zu kriechen, richten sich auf, halten sich dabei mit den Händen fest und lernen zu gehen. Früher oder später laufen sie den Eltern davon.

Gehen, laufen, rennen heißt Schritte machen, die Beine längs spreizen, das Gewicht von einem Bein auf das andere verlagern, nach vorn fallen, sich auffangen, und dadurch vorankommen. Mit jedem Schritt überquere ich ein Stück Boden und kann über Stock und Stein gehen. Der Wagen rollt nur auf Wegen, auf denen Hindernisse beiseitegeräumt sind.

Das Gelände ist voller Hindernisse, Gewächse, Steine, Gewässer, uneben und holprig. Es geht rauf und runter, Hügel, Mulden, Berge, Täler. Das

Gehen ist ein Hoch- und Hinuntersteigen. Doch das Auf und Ab verläuft nicht gleichmäßig. Das Ziel ist nicht oben und nicht unten. Aber um ans Ziel zu kommen, muss man Höhen und Tiefen passieren. Kein Aufstieg ohne zwischenzeitliche Abstiege, kein Abstieg ohne Aufstiege unterwegs.

Ich brauche festen Boden unter den Füßen. Sonst kann ich nicht gehen. Ich versinke sonst. Wenn ich müde bin, möchte ich ausruhen, sitzen oder liegen, auf dem Boden oder auf einem Gestell, Bett, Liege, Sessel oder Stuhl. Sie stehen auf dem Boden in Wohnungen, Häusern oder im Freien. Die Möbel brauchen einen ebenen Boden, sonst wackeln sie. Auch auf Schiffen und in Flugzeugen kann man liegen, sitzen, stehen und gehen. Früher oder später aber laufen sie einen Hafen an und landen.

Die künstlich veränderten oder hergestellten Böden sind ebenmäßig. Das Auf und Ab soll so weit wie möglich verringert und eingeebnet werden. Die Möbel sollen nicht wackeln oder rutschen, die Wägen nicht springen, die Fußgänger nicht stolpern. Die Stockwerke der Häuser sind waagerecht. Die Höhenunterschiede werden mit Treppen überwunden. Ihre Stufen sind gleich hoch. Aufzüge fahren senkrecht nach oben und unten. Für Kinderwägen und Rollstühle gibt es flache Rampen, abgeflachte Bordsteine, um für Räder schwer überwindliche Stufen zu vermeiden.

Die Menschen schreiten. Auch wenn sie rennen, machen sie Schritte. Es macht ihnen darum nichts aus, alles, was sie angehen, nicht sofort auf einen Schlag zu erreichen, sondern beharrlich Schritt für Schritt. Gehen und Schlucken unterteilen ein Ganzes in kleine Portionen. Das Ganze auf einmal ist zu viel. Aber in Etappen, eins nach dem anderen, kann es geschafft werden. Der Preis für die Klugheit der kleinen Schritte: Das Ganze ist immer ein Stückwerk. Doch vor den Einzelschritten muss der große Sprung, gleich ans Ziel in einem Satz und ohne Anlauf, da gewesen sein. Denn der erst setzt die Schritte der Verwirklichung in Gang, begleitet sie und verändert sich jederzeit im Nu mit ihnen.

Alles nach und nach anzugehen, bewährt sich vor allem im Hoch- und Hinuntersteigen. Im Steilen und Abschüssigen suchen die Füße von selbst einen sicheren Tritt, eine Stufe im Schrägen, die Hände tasten nach Halt an der Wand oder am Boden. So geht es Schritt für Schritt weiter, bis das Gelände wieder flacher und leichter zu begehen ist.

Stufen machen aus der Schräge eine Treppe, eine Stiege, die Höhenunterschiede überquert. Wand und Geländer sichern meistens die Seiten der Treppe. Wie viel Raum gibt man ihr in der Ökonomie des Gebäudes? Ist sie Hilfsmittel für den Notfall, wenn die Aufzüge ausfallen, oder ein großzügiges, repräsentatives Gebilde?

Längst sind Treppenstufen in Länge, Höhe und Tiefe normiert. Das Bild der Treppe lädt geradezu ein zur Normierung und Hierarchisierung, ein Sinnbild wie die Leiter für Aufstieg und Abstieg. Alle wollen nach oben. Doch die Kunst ist das Herunterkommen, das Wiederaufstehen nach dem Fall, das Weitermachen im Auf und Ab des Lebens.

halt, los

Ist die Nabelschnur durchschnitten, ist das kleine Kind lose, ein lebendiges Paket, das dahin oder dorthin abgelegt werden kann, bis es sich fortbewegt und sich selbständig macht. Es will loskommen von zu Hause. Doch das Lose braucht Halt. Den aber empfindet es als Hindernis, das es zu überwinden gilt.

Die Menschen sind nicht nur körperlich, sondern auch geistig beweglich. Das macht sie in besonderem Maße lose. Sie haben Meinungen und können sie wechseln. Sie lernen dazu, haben einschneidende Erlebnisse und ändern ihr Leben. Dann machen sie wieder neue Erfahrungen und so weiter. Oft können sie sich nicht entscheiden und schwanken zwischen ja und nein. Sie brauchen Anerkennung und geben diesem und jenem Recht. Sie passen sich an und wollen zugleich ein eigenes Urteil, eine eigene Meinung haben, unabhängig sein.

Wenn nicht schwerer Zwang herrscht, handeln die Menschen freiwillig. Die Bindung an

Personen oder Überzeugungen, die sie eingehen, sind Selbstverpflichtungen. Sie können sich von ihnen lösen. Das lose Wesen verdankt der Mensch seiner Freiheit. Es macht ihn aber auch unzuverlässig.

Die Menschen selbst fürchten ihr loses Wesen und versuchen, sich festzubinden, damit sie nicht auf abschüssigem Gelände hinunterkollern. Sie versuchen, sich zu halten. Halt finden sie außen und innen.

Halt heißt: bis hier und nicht weiter! Ein Ende, eine Grenze ist erreicht. Ich muss anhalten, stehen bleiben oder umkehren. Das Halten kann von außen erzwungen oder freiwillig sein: Es geht nicht mehr weiter, oder ich gehe nicht mehr weiter. Ich stehe vor einer Wand, einem Abgrund. Ich kann weitergehen und hinunterstürzen. Es steht mir frei, vor die Wand zu rennen. Auch der äußere Halt muss akzeptiert werden.

Halt finden die Menschen nicht in der Mitte – die Mitte schwankt und hat kein Geländer –, sondern an den Rändern. Grenzen geben eine Form. Formen geben Halt: Üblichkeiten, Konventionen, Sitten, Regeln, Gesetze, Grundsätze. Der Halt wird ebenso verinnerlicht wie veräußerlicht. Der äußere entlastet das eigene Innere, muss aber dort wirksam verankert sein.

Die Menschen halten sich. So gewinnen sie Haltung. Die hält sie zusammen, hält sie bedeckt, verschlossen und verrät doch einiges über ihren Inhalt. Sich halten heißt sich erhalten, sich behalten, sich nicht verloren gehen, sich im Auge, im Gedächtnis behalten, sich bewahren und erinnern. Ich bin der Behälter meiner selbst, er enthält, woran ich festhalte und festgehalten werde. Ich bin ein Behälter, der einen äußeren Behälter braucht, wo er sich aufhalten kann bei dem, was ihn festhält, eine Bleibe, eine Wohnung, eine Gemeinschaft.

Ich brauche Halt für mein loses Wesen. Aber der Halt hält mich auch fest und zwängt mich ein. Ich will loskommen von ihm. Ich will frei sein. Ich brauche eine Lösung für diese Schwierigkeit, einen Halt, der eingrenzt und befreit, der haltbar und beweglich ist, fest und flüssig zugleich.

stop

Ich muss anhalten. Es geht nicht weiter: ein Hindernis. Ich räume es aus dem Weg oder umgehe es. So mache ich Umwege über Umwege und verliere darüber mein Ziel aus dem Auge. Halt! Wohin, worauf hinaus will ich überhaupt? Erst wenn ich mich auf etwas ausrichte, auf etwas zugehe, weil ich in einem Satz schon darauf zugesprungen war, können Hindernisse auftauchen und dazwischenkommen, Schwierigkeiten. Umstände werden zu Widerstände. Der Halt von vorn kommt mir in die Quere. Was tue ich nun? Auf alle Fälle brauche ich mehr Zeit, um die Schwierigkeit aufzulösen, das Hindernis zu übersteigen, beiseite zu räumen oder zu umgehen.

Der Halt von vorn zwingt mich zum Halten und Nachdenken. Ich muss längere Wege gehen, Umwege, Auswege suchen. Ich brauche Geduld, ich muss beharrlich, aber auch beweglich sein, wenn nötig ein Stück zurückgehen, um Anlauf zu nehmen, das Hindernis zu überspringen, eine Lösung in mehreren Schritten zu finden, eine Leiter zu bauen, mit der ich das Hindernis übersteigen kann, Werkzeuge zu beschaffen oder überhaupt erst zu schaffen, mit denen ich wiederum die Hilfsmittel zur Überwindung oder Lösung der Schwierigkeiten herstellen kann.

Weil ich die Wand nicht senkrecht hoch- oder herunterkomme, setze ich eine Rampe davor, eine schräge Ebene, und säge Stufen aus, eine Treppe. Die kann ich Schritt für Schritt empor- oder herabsteigen. Ich kann dabei auch, wenn ich will, zwei Stufen auf einmal nehmen. Für Wägen und ihre Räder, die keine Stufen überqueren können, müssen die Wege noch flacher, also länger sein.

Der Halt von vorn kann von Umständen, Ereignissen erzwungen werden oder von Mächten, die gebieten und verbieten können. Ihr Halt reizt zur Übertretung, sich über das Verbot hinwegzusetzen. Doch hört er damit nicht auf, Einhalt zu gebieten. Gebote und Verbote stützen eine Gesellschaft und das Leben des Einzelnen von außen, zäunen das Verbotene ein und lassen einen Freiraum des Erlaubten. Sie regeln den Verkehr und ermöglichen in Grenzen Bewegungsfreiheit.

Die Zäune um das Verbotene sind verschieden hoch und verschieden durchsichtig. Doch auf Einsicht kann sich der Halt nicht verlassen. Wir lehnen uns an die Brüstung einer Aussichtsterrasse, schauen ins Land und freuen uns, dass wir von der Brüstung gehalten werden und nicht in die Tiefe stürzen. Den Zaun, die Einfriedung, kann man gut aushalten, wenn man sie öffnen und weggehen kann.

Rückhalt

Weiß ich, was mich bewegt? Ich bin losgegangen. Ich war lose. Da hat mich ein Ziel angezogen. Ich wollte loskommen von hier. Weiß ich, ob ich nicht hinterrücks auf das Ziel zugetrieben werde, das mich anzuziehen scheint? Was mich von hinten antreibt, hält mich fest an dem, wovon ich mich befreien wollte. Ich steuere meine Bewegungen. Ich bewege mich. Doch ihren Antrieb kenne ich nur indirekt. Er ist in meinem Rücken. Wie ich mich auch drehe und winde, reflektiere, ich kann das, was mich treibt, nur aus meinen Bewegungen erschließen.

Ich gehe vorwärts. Ich bin nach vorn ausgerichtet. Ich muss mich umdrehen, um nach hinten zu schauen. Dann sehe ich aber nicht, was vorne vorgeht. Was in meinem Rücken geschieht, ist darum Anlass ständiger Besorgnis. Denn von hinten kommen die bösen Überraschungen. Die Vorsicht sieht voraus. Ich brauche deshalb Rückendeckung vom Gelände oder von anderen, die mich nach hinten absichern und auf die ich mich verlassen kann.

Der Rücken ist anfällig und muss viel aushalten. Es ist anstrengend, aufrecht und aufrichtig zu sein, sich nicht zu verbiegen und zu ducken. Rückschläge müssen verkraftet, Widerstände gebrochen und Verantwortung getragen werden. Der Rücken hat einiges zu schultern. Darüber wird er krumm. Er braucht Rückhalt.

Rückhalt ist der stützende Halt von hinten, den ich nicht sehe, auf den ich mich aber verlasse: Vertrauen. So traue ich mich loszugehen und mich nicht ständig umzudrehen. Ich vertraue darauf, dass der Stuhl, auf dem ich sitze, eine Rückenlehne hat, die hält, wenn ich mich zurücklehne. Sie hält den Rücken. Ob ich mich vornüber gegen die Brüstung lehne, seitwärts oder rückwärts gegen eine Wand, ich vertraue dem Halt, den ich suche. Das Lehnen neigt sich dem erwarteten Halt zu und ist erschreckt, wenn er überraschend ausbleibt. Rückhalt erwartet man von dem, welchem man zugeneigt ist. Die Neigung ist die Schräge, die angelehnte Leiter, mit deren Hilfe man Hindernisse überwinden kann.

Der Rückhalt ist die Rückenlehne des Stuhls, in den ich mich fallen lasse. Ich vertraue darauf, dass er mich auffängt. Der Rückhalt ist affektiv. In Vertrauen und Neigung eingepackt und noch tiefer versteckt sind die Antriebe, die Herkunft und Zukunft verbinden, der Proviant im Rucksack, wenn man losgeht.

Geländer

Ich brauche Halt. Denn ich bin lose. Ich muss mich irgendwo festhalten können, wo ich gehalten werde: Familie, Freunde, Vereine, Glaubensgemeinschaften, Meditation, Philosophie, Gartenarbeit, Sport, Tanzen. Der Halt ist eine Stütze im Alltag des Lebens und zugleich eine Unterbrechung, ein Innehalten. Ich brauche Pausen. Ich kann nicht einfach immer weiter gehen und machen. Immer wieder muss ich mich ausruhen, hinlegen, dösen, schlafen, mich ablenken, an etwas anderes denken, an nichts denken, innehalten.

Wie kann man die Funktion des Halts, Unterstützung und Erholung, in das Auf und Ab des Alltags integrieren? Als Geländer am Rande, an der Seite. Man sieht es aus den Augenwinkeln. Es ist da und bei Bedarf zur Hand. Als schlanke, elegante Linie führt es mich durch die Windungen des Auf- und Abstiegs. Doch die Führung ist unaufdringlich. Sie hält sich zurück und gibt sich als Begleitung, Unterstützung der

Bewegungsrichtung und Entlastung im Rauf und Runter.

Geländer heißt meist Brüstung mit Handlauf. Wenn schon ein Zaun zur Sicherheit angebracht werden muss, damit niemand aus Versehen in die Tiefe fällt, versehen wir ihn doch gleich mit einem Handlauf! Das Geländer ist ein Halt zur Seite hin, zur offenen Flanke. Dieser Halt zwingt nicht zum Anhalten, er begleitet mich im Weitergehen. Er treibt mich nicht an wie der unsichtbare Rückhalt. Doch die Linie des Handlaufs verflüssigt meinen Schritt.

Wer auf Geländer angewiesen ist, prüft sie auf ihre Handhabbarkeit. Häufiger nimmt man sie nur nebenbei wahr, wenn man die Treppen hoch- oder hinuntereilt. Manchmal jedoch bleibt man stehen und bewundert sie. Da gibt es den Handlauf, der anfängt und aufhört, Stückwerk an jeder Wand im Treppenhaus, aber auch die unendliche Linie, die den Winkeln und Kurven der Treppe nach oben folgt und oben über eine Brüstung weitergeführt wird und am unteren Ende der Treppe andeutungsweise im Boden oder in der Seitenwand verschwindet, als ob sie dort weiterginge, oder sich an ihren Enden in sich selbst zurückwindet.

Ich bin lose, ich brauche Halt, aber er darf mich nicht aufhalten, weiterzukommen in meinem Auf- und Abstieg. Der Halt soll mich begleiten. Ich halte mich an das, was mich hält. Ich greife nach dem, was mich ergreift. Nicht alles, was ich begreifen will, kann ich ergreifen. Es entgleitet mir, ich rutsche ab. Es hält mich nicht fest, ich gehe, rutsche, stürze weiter, bis ich wieder etwas greifen und für eine Weile festhalten kann.

Der Antrieb im Rücken treibt mich vor sich her. Ich versuche, den Trieb zu steuern. Er gibt den schwerfälligen Schritten Schwung. Beschwingt gehe ich wie auf einem Laufband. Die Menschen können nicht fliegen und halten sich nur begrenzte Zeit im Wasser auf. Aber sie können vom Fliegen, Segeln, Schwimmen für ihr Vorgehen lernen, Widerstand und Kraft zu verringern, Strömungen, Gefälle für die eigenen Fortbewegungen auszunützen, das Fahrzeug rollen zu lassen, weniger Schritte machen als vielmehr zu schlindern, zu schliddern, zu gleiten. Man muss sich dabei nur im Gleichgewicht halten, sonst rutscht man aus und schlägt hin.

Gleiten ist das Gegenteil von Schreiten. Der Schritt braucht Halt. Er darf nicht rutschen. Das Gleiten übersteigt nicht die Schwierigkeiten, es springt mit Schwung über sie hinweg oder umkurvt sie. Es darf nur nicht anhalten und Fahrt verlieren.

Das Gleiten kann es sich nicht leisten, stehen zu bleiben und nachzudenken, wohin es will. Es will einfach nur weitergleiten. Es gelingt nur im Kontinuum. Deshalb läuft es immer Gefahr, abzugleiten und zu schweifen. Wie kann das Gleiten gehalten, davon abgehalten werden, zu entgleiten? Auch das Gleiten braucht Richtung und Halt und am Ende einen Auslauf.

Ich gleite und greife. Der Begriff gibt Halt, die Aufmerksamkeit aber muss fließen. Sonst entgeht ihr zu viel. Das Geländer muss beides ermöglichen: gleiten und greifen. Die freie Hand sucht das Treppengeländer zur leichten Unterstützung des Gleichgewichts und rutscht, während die Füße die einzelnen Stufen nehmen müssen, herauf oder hinunter, muss aber jederzeit zupacken können, wenn es nötig wird. Ein gutes Geländer ist rutschig und griffig zugleich. Die Rolltreppe überträgt das Gleiten der Hand auf den ganzen Körper. Ihre Stufen müssen nicht mehr gestiegen werden. Man bleibt auf ihnen einfach stehen und gleitet nach oben oder unten.

Die Hand gleitet, die Füße machen Schritte. Beides zugleich ist die Kunst: sich aufrecht und im Gleichgewicht zu halten mit widerständigem Halt und ohne ihn, das Ganze in Stufen, Stücke, Portionen zu teilen und dabei eine große Linie zu ziehen, Ecken und Kanten mit Kurven zu verbinden, das Kontinuum mit dem Diskreten.

Wege führen durch das Gelände. Navigationshilfen führen uns durch das Gewirr der Wege. Sie lassen uns durch Schwierigkeiten gleiten, Begleiter, die uns führen. So werden Staus umkurvt,

Termine verschoben, Probleme gewälzt, Nachrichten ausgetauscht, Langeweile vertrieben. Der Halt von der Seite ist unaufdringlicher als der von vorn. Der stößt uns vor den Kopf. Der Halt von der Seite nimmt mich freundlich an die Hand, wenn ich ihn in die Hand nehme. Der Halt von der Seite ist verführerisch. Stets zur Hand, wird der instrumentelle Begleiter immer mehr zum Führer der losen Wesen. Das festgeschraubte Geländer kommt noch aus einer Zeit des freihändigen Lebens.

Das Geländer gehört zu den Sicherheitsvorkehrungen im alltäglichen Leben. Es hält mich nebenbei, zur Seite hin, von der Seite her. Wie viel Halt brauchen wir? Sicherheitshalber immer mehr. Die Geländer verlängern sich überallhin. Die starre Stange, von unzähligen Händen angefasst, wird ergänzt von zahllosen unsichtbaren Leinen, die mich halten, indem ich sie wie in einem Knoten in der Hand halte oder in der Tasche mit mir herumtrage. Der innerste Antrieb unserer Zeit scheint nicht der Aufenthalt, das Bleiben und Wohnen zu sein, sondern das Gleiten mit einem kleinen Ding in der Hand oder der Tasche, das fast alles enthält, was mir wichtig ist, kein Manuale mit Grundsätzen, sondern ein Geländer, an dem ich überallhin gleiten kann. Das Greifen und Begreifen ist dabei immer nur vorübergehend. Das Geländer ist der führende Halt geworden.

Die Ecke

Alles ist durcheinander. Ich bin durcheinander. Was soll ich tun? Was ist richtig, was falsch, was klug, was dumm? Ich muss mich sammeln. Es hat sich zu viel um mich herum oder in mir angesammelt. Wer oder wo bin ich überhaupt? Ich lebe in einem Durcheinander und finde nicht, wonach ich suche. Wenn ich nur wüsste, wonach ich eigentlich suche. Ich suche nach Spuren, die mich erinnern sollen, wonach ich suche. Die Suche verlängert sich immer mehr. Ich komme nicht auf ihren Grund und habe unterdessen den Faden verloren.

Immerhin spüre ich noch das Durcheinander. Also ist nicht alles durcheinander. Ich muss aufräumen, Ordnung, Klarheit schaffen, wenigstens in meinen vier Wänden, in meinem Kopf. Manchmal würde ich am liebsten alles aus dem Fenster schmeißen, um herauszufinden, was mir fehlen wird. Brauche ich mehr als zwei Hosen, eine zum Anziehen und eine zum Wechseln? Noch einmal alles von vorn! Aber das geht nicht, ich stecke längst mittendrin im Durcheinander von unabdingbar und überflüssig, von beiläufig und wesentlich, von undurchsichtig und klar.

Erfahrungen, Vorstellungen, Gefühle und Gedanken lassen sich nicht so einfach wegwerfen wie Sachen, aber sie brauchen Luft, Spielraum, Bewegungsfreiheit, damit sie bleiben oder sich von selbst davonmachen können. Für den Anfang mittendrin ist es gut, überhaupt etwas wegzuwerfen, etwas, womit ich gerade nichts anzufangen weiß, alte Papiere, Bücher, Wintermäntel, große Schüsseln. So nimmt das Aufräumen Fahrt auf und findet kein Halten mehr. Alles muss neu geordnet, aufgestellt und verstaut werden. Endlich kann ich mich wieder bewegen. Aber ich finde nichts mehr. Die Gewohnheit kommt mir in die Quere. Sie ist zäh. Sie bleibt. Ich suche die Dinge immer noch da, wo sie früher waren. Verstehen wenigstens die anderen meine neue Ordnung? Was taugt sie, wenn sie nicht kommunikativ ist, wenn weder ich noch andere sich in ihr zurechtfinden und wohlfühlen?

Aufräumen zwingt zur Unterscheidung: Was bleibt, was soll weg, was kommt wohin? Im Aufräumen Orte finden und Wege dorthin. Immer bleibt etwas Wichtiges übrig, das keinen Platz findet. Jeder Ordnungsversuch ist unzulänglich. Die Ordnung hält nicht lang und nur in Grenzen. Immer wieder muss aufgeräumt werden, und das auf einem begrenzten Feld, in einer Ecke, einem

Zimmer, einer Wohnung, in einem Stadtviertel, einem Land. Auch ein gründliches Aufräumen bringt einen Raum nur fast in Ordnung, das Räumen stellt den Raum überhaupt erst her. Die Ordnung selbst ist nie ganz in Ordnung. Es bleiben immer Reste, die keinen Behälter, keinen angemessenen und eindeutigen Ort oder Platz finden. Die sperrigen Reste werden nach draußen gebracht, in ein Jenseits des geordneten Raums expediert, in das nächste Zimmer, in den Flur oder Keller, in ein anderes Land, in irgendeine Ecke. Es wird nur umgeräumt, die Unordnung herumgeschoben. Nie passt alles zusammen. Wenn alles zu passen scheint, stört die Langeweile. Manchmal gibt es kein Draußen, man kann den Unrat, die Reste, nicht aus dem Raum herausschaffen, man kann sie nur beiseitekehren an die Ränder, in die Ecken. Die sind am schwersten sauber zu halten und aufzuräumen.

Wenn eine Wand auf eine Querwand trifft, entsteht eine Ecke. Selbst runde Räume haben Ecken. Schränke, Regale, Heizkörper: Schon sind Ecken entstanden. Der Raum wird gesaugt und gewischt. Dafür werden die Möbel an den Rand gerückt. In die Ecken kommt der Besen nie ganz hinein. Die Ecken machen Mühe. Sie sind zugestellt. Ihre Unordnung hält sich hartnäckig. So kehrt man den Dreck eher in die Ecken hinein als aus ihnen heraus.

Die Ecken sind voll von Dingen, die nicht anders unterzubringen waren, nirgendwo sonst hineinpassten, die man ausrangiert hat, aber noch nicht übers Herz brachte wegzuschmeißen. Von den Ecken wächst das Durcheinander allmählich wieder in die Mitte des Raums hinein. Nach dem Aufräumen hat er wieder genug Platz für ein Durcheinander.

Selten setzt man sich in die Mitte eines Raumes, vor allem nicht, wenn er aufgeräumt und leer ist. Eher exzentrisch, etwas am Rand, sucht man einen Platz. In der Sitzecke sind weiche Sessel. Da ist es gemütlich. Der Raum als ganzer ist langweilig, alles in Ordnung, ohne Spannung, Überraschung und Gegensätze. Er wird nicht benutzt. Das Aufräumen macht eigentlich nur ein Angebot von Ordnung. Im Gebrauch erst bewährt sie sich. Im Gebrauch stellt sie sich überhaupt erst her. Gut ist die Ordnung, wenn sie sich selbst in Ordnung hält. In der Mitte herrscht Verkehr, in der Ecke ist es still. Da kann man wohnen.

Zwei Linien stoßen aufeinander und bilden einen Winkel. In diesem Winkel leben wir. Die Linien, die hier zusammenstoßen, folgen widerstrebenden menschlichen Neigungen: nach Sicherheit und Freiheit, Ruhe und Bewegung, nach Einsamkeit und Geselligkeit.

Das Leben muss verlässlich sein, um die unvermeidlichen Überraschungen verkraften zu können. Verlässlichkeit und damit Sicherheit gewährt eine Ordnung, auch wenn sie keine Freiheit lässt. Immerhin kann ich mit einer Ordnung rechnen und mich auf sie verlassen. Ständige Unberechenbarkeit ist unerträglich. Je mehr Freiheit eine Ordnung zulässt, desto weniger Sicherheit kann sie versprechen. Eine gute Ordnung verbindet Sicherheit und Freiheit. Ein aufgeräumtes Feld stellt Bewegungsfreiheit her und verschafft mir die Sicherheit, mich in Grenzen frei bewegen und suchen zu können, wonach mich verlangt. So habe ich auch die Möglichkeit, das zu erlangen.

Verlässlichkeit beruhigt. Ich kann mich in eine Ecke zurückziehen und ausruhen. Doch im stillen Winkel steht die Luft. Nichts bewegt sich mehr. Gewohnheiten beherrschen das Wohnen. Immer mehr sammelt sich in meiner Ecke an. Ich gewöhne mich auch daran. Darum muss ich immer wieder an die frische Luft, mich in Bewegung setzen, das Weite suchen. Da lebe ich auf. Da passiert etwas. Überraschungen, Begegnungen, Erfahrungen. Ich bringe etwas zuwege, bin herausgefordert, verausgabe mich. Auch hier können sich die Gegensätze durchdringen. Ich räume das Durcheinander in einer Ecke auf und weite ihren Winkel.

Von ihm aus betrachte ich die Welt. In meinen Blickwinkel ordne ich ein, was ich wahrnehme. Von der Ecke aus kann man gut beobachten, ohne selbst beobachtet zu werden. Ihre zwei Wände sind selten gut ausgeleuchtet. In die Ecke verzieht man sich, wenn einem die Gesellschaft zu viel wird. Der Eckensteher fühlt sich fremd in der Gesellschaft und möchte am liebsten für sich sein, allein. In einem geschlossenen und gemeinsamen Raum ist man in der Ecke am ehesten abseits, für sich, fast draußen. Aber auch zwei Leute ziehen sich in die Ecke zurück zu einem vertraulichen Gespräch. Andere kommen hinzu. Am Ende bildet sich eine Runde in der Ecke. Der Winkel beult aus, ein Erker.

Einsamkeit ist mehr als bloßes Alleinsein oder Fürsichseinwollen: die Neigung zum Einen, ein Verlangen, das Durcheinander von Vielem in eine Ordnung zu bringen, ineinander zu fügen, alles in eins zu setzen. Doch das wollen andere auf ihre Weise auch. Wer hat recht? Streit entsteht. Wie können die Einsamen sich einigen, gemeinsam räumen, einen gemeinsamen Raum schaffen, wo sie sich verstehen?

Das große Durcheinander ist in Ordnung gebracht, was nicht in sie hinein passte, beiseite geräumt. Das Sperrige sammelt sich in den Ecken. Sperrig ist das menschliche, in sich widerstrebende Wesen. Sperrig sind die Möbel, die sich sträuben, weggeworfen zu werden, Erb-, Familien-, Erinnerungsstücke, Dinge, die mit Ereignissen, Erinnerungen und Gefühlen getränkt sind. Die

Vergangenheit lässt mich nicht los. Ich werde das Durcheinander nicht los, das mir die Geschichte hinterlassen hat. Es hält sich im Halbdunkel der Ecken und Nischen. In diesem Durcheinander muss ich wohl oder übel hausen. Die Ecken sind nicht nur gemütlich. In ihnen sind Erinnerungen einquartiert, die sich nicht genau von Einbildungen, Fantasien unterscheiden lassen.

Menschen nisten in Nischen. Sie hocken in der Ecke eines Zimmers, eines Hauses, in einem Winkel des Weltraums (Pascal). Das Zimmer befindet sich in einer Ecke des Hauses, die Erde an irgendeiner Milchstraße. Menschen sind Winkelbewohner. Der Winkel ist exzentrisch. Die Menschen sind exzentrisch (Plessner). Sie drängen in den Mittelpunkt und schauen sich dabei über die Schulter aus der Ecke an. Das Durcheinander ihrer Abseitigkeit quillt in die Mitte des Raums und wird immer nur mühsam in die Ecke zurückgedrängt.

Die Mitte ist schwach. Sie findet weder Maß noch Halt in sich und ist den Rändern und Ecken ausgeliefert. Die haben Wände im Rücken. Bewegliche Wesen rutschen leicht an den Rand und von dort in eine Ecke. Erst da haben sie Halt. Die Mitte ist nach allen Seiten hin offen und angreifbar, der Winkel von zwei Seiten geschützt. Die Ecken sperren sich gegen eine gemeinsame Ordnung im Raum. Sie sind im Durcheinander eingerichtet. Von dort aus entwerfen die Menschen eine Ordnung auf Entfernung hin, bewegen sich aber nur vorübergehend auf dem gemeinsam aufgeräumten Feld, bevor sie sich wieder in ihre Ecken verkriechen. Hier haben sie den Rücken frei. Aber es ist eng. Und es wird immer enger.

Von innen ist die Ecke eng, außen muss man um sie herumkurven, ein Hindernis auf dem geraden Weg, ein Umweg. Die Ecke springt vor und versperrt damit den Weg und den Blick zur Seite. Was verbirgt sich hinter der Ecke und überrascht mich von der Seite? Menschen sind neugierig, aber auch vorsichtig und auf Sicherheit bedacht. Sie wollen nicht von hinten oder von der Seite angegriffen werden. Und sie haben gelernt, dass es nicht klug ist, anzuecken, dass der längere Weg oft besser ist als der direkte. Der längere umkurvt die Ecken und Kanten. Klugheit, Höflichkeit und Kunst nutzen den indirekten Weg, um im richtigen Augenblick geradewegs auf das Ziel loszugehen. Man sieht einen Kirchturm mitten in einer Altstadt und muss doch im Zickzack auf ihn zusteuern.

Zwei Wege kreuzen sich, Handelswege. An der Kreuzung siedeln Menschen. Aus der Siedlung wird ein Städtchen, aus den Wegen Straßen. Die große Straßenkreuzung schneidet die Stadt in Viertel, Quartiere. Entlang der Straßen reihen sich Häuser aneinander. Das gelingt mit eckigen

Grundstücken und Gebäuden leichter als mit runden. Sie fügen sich besser aneinander. Und doch stehen da und dort Ecken vor, entstehen verwinkelte Häuser und Gassen. Die Stadt, der Staat, muss Rücksicht auf Landschaft, Geschichte und Eigentum nehmen.

Jede Straßenkreuzung erzeugt Ecken und Eckhäuser. In den Ecken hausen die Menschen. Vor den Ecken spielt sich das Leben ab. Geschäfte, Markt, Gaststätten, Cafés, Bars, Passanten auf der Straße. In den Ecken steht die Zeit still, vor den Ecken passiert sie. In den Ecken werden Verschwörungen angezettelt, der Umsturz findet draußen statt. Drinnen ist es still, draußen laut.

Der Spielraum ist eng, ein Winkel. Darum muss er frei sein, unverstellt. Sonst werde ich unruhig.

Und die Decke fällt mir auf den Kopf. Ich muss nach draußen, eine Besorgung machen. Ich gehe nur um die Ecke. Ich habe etwas vor und nehme die Überraschungen in Kauf, die mich hinter der Ecke erwarten. Worauf ich aus war, habe ich nicht bekommen und muss nach Ersatz suchen. Dabei entdecke ich etwas Neues und lerne andere Leute kennen. Plötzlich fängt es an zu regnen: Zufälle, Ereignisse, die wie von einer Seitenstraße, aus einer nicht einsehbaren Ecke, mir in die Quere kommen. Die Absichten geraten in das Durcheinander der Ereignisse und werden von ihnen abgelenkt, um viele Ecken herum. Die Orientierung geht verloren. Wie komme ich wieder nach Hause?

Im Winkel steht die Zeit fast still. Hier laufen die Ereignisse aus in ein Erinnern und Nachdenken, in Dauer. Eigentlich ist alles Ereignis. Alles passiert, kreuzt sich, kommt dazwischen, in die Quere, und versperrt den geraden Weg. Alle Absichten geraten in den Trubel des Unvorhergesehenen, kollidieren, ecken an oder biegen rechtzeitig ab und müssen immer wieder abbiegen, um ihre Richtung wiederzufinden. Unterschiedliche Absichten verkeilen sich zu Hindernissen und versperren Wege. Kaum, dass sie beiseite geräumt sind, entstehen neue. Aufräumen ohne Ende.

Die Menschen bauen eine Wand zwischen der inneren und äußeren Ecke, sperren sie so auseinander und fügen sie zugleich zusammen. Die Wand windet sich um Ecken. An ihrem Flechtwerk sind alle Künste, von den politischen bis zu den schönen, beteiligt. Für sie steht der Name Architektur, Baukunst. Der Baumeister zimmert, ein Zimmermann. Er baut Zimmer, Räume. Die entstehen und erhalten sich im Aufräumen, Pflegen, In-Ordnung-halten. Baumeister ist so besehen die Gemeinschaft. »Kommun« ist nicht nur der gemeinsame Dienst an der Stadtmauer (*munia*, *moenia*), sondern auch innerhalb ihrer am Gefüge der Ecken: Wie scharf dürfen die Ecken und

Kanten sein? Wo müssen sie abgerundet werden? Wie weit dürfen private Ecken in den öffentlichen Raum hineinragen? Wie viel Anstößiges erträgt eine Gesellschaft?

Eine verwinkelte Wand trennt und verbindet die Ecken nach innen und außen. Die Wand ist das Kunststück, das Ende aufzuschieben, umzuleiten um die Ecken herum, an ihnen vorbei. Die Ecken halten auf. Man muss anhalten und nach rechts und links schauen, bevor man weiterfährt. Die Ecken sind der Aufenthalt der Menschen. Um die Ecke rauscht der Verkehr. Ich höre ihn von drinnen. Alles passiert. Alles geht vorüber und vorbei. Das Erleben setzt die Vergänglichkeit des Lebens voraus, sein Ende. In den Ecken passiert wenig. Da dauert das Leben. Spuren, Reste der Ereignisse werden hereingeschleppt und abgestellt. Die Ecke wird enger, ein Durcheinander von vergangenen Dingen und Geschehnissen.

Die Ereignisse werden von draußen hereingetragen und stranden in den Ecken. Von dort aus strahlen sie in die Mitte des Raums, wo gehandelt, aufgeräumt, umgeräumt und weggeworfen, wieder in die Ecke gestellt und Neues angeschafft oder fabriziert wird. Für die Nacht zieht sich ein jeder in seine Ecke zurück. Wie kann ich Ereignisse aufräumen? Sie hängen alle zusammen, sind passiert und nicht ungeschehen zu machen, vergangen und doch da. Ich muss mit ihnen leben, brauche aber Bewegungsfreiheit in ihren Maschen. Die Knoten lassen sich nur lockern.

Ich komme aus meiner Ecke heraus. Ich will handeln, mich bewegen, etwas tun. Oder ich bleibe in meiner Ecke, um mich auszuruhen, von hier aus die Gesellschaft zu beobachten und mich ins Träumen, Nachdenken, Betrachten zu versenken. Handeln und Betrachten, Praxis und Theorie im alten philosophischen Sinn, bestimmen ebenfalls als divergente Linien den menschlichen Blickwinkel.

Handeln heißt: Es gibt noch etwas zu tun. Das bloße Aufräumen, Umräumen. Neuverteilen im Raum allein bringt die Welt, in der wir leben, nicht in Ordnung. Man muss fabrizieren und handeln. Dinge müssen hergestellt werden, die gebraucht oder verlangt werden. Auch das Verlangen wird fabriziert. Man muss handeln, verhandeln, im Ernstfall kämpfen. Und das alles meist gar nicht, um die Welt zu verbessern, sondern um sie auszubessern, sie da und dort zu reparieren. Für das Handeln und Machen ist die Welt imperfekt. Deshalb gibt es so viel zu tun. Die Perfektion lässt auf sich warten.

Der Eckensteher beobachtet das Treiben in der Mitte des Raumes und beobachtet dabei auch sich selbst, wie er in der Ecke steht. Er bleibt noch im Raum des Handelns. Erst der Betrachter verlässt ihn, er taucht in die Betrachtung ein und verliert sich in ihr. In dieser Versenkung werden Unterscheidungen durchlässig, die für das Handeln unabdingbar sind: ich und die anderen, ich und die Welt. Der Betrachter trachtet nach Einsamkeit, er lässt sich auf den Gegenstand der Betrachtung ein, eine Welt, sei sie ein Käfer, ein Kunstwerk, der Nachthimmel oder eine alte Lampe. Die Betrachtung weitet ihren Gegenstand ins Universale. Um die Ecke ist die Welt. Man muss sie nur sehen. Die Welt ist in Ordnung. Das heißt *kosmos*: Welt, Ordnung, Schönheit. Der Betrachter ahnt sie und ermisst einen Bruchteil aus seinem Blickwinkel. Die Betrachtung wirkt auf den Betrachter zurück. Das In-Ordnung-sein der Welt räumt seine kleine Nische gleich mit auf. Der Betrachter selbst ist aufgeräumt. Heiter, hieß es in der alten Philosophie.

Das Handeln ist der Unterscheidung von gut und schlecht unterworfen. Was im Einzelnen gut und schlecht ist, darüber wird gestritten. Streit, Wettstreit, Widerstreit, Kampf, Gewalt, Einlenken, sich verständigen gehören in das Reich des Handelns und Machens. Die Betrachtung ist friedlich. Die Gegensätze verlieren ihre Unbedingtheit. Alles ist gut, auch das Schreckliche. Es lässt den Glanz des Guten nur noch heller leuchten. Und so fällt er auch auf das Übel. Das Misslungene und Durchschnittliche gerät in den Blickwinkel der Betrachtung. Sie lässt es gelten. Es ist schon in

Ordnung. Sie sucht die Vollkommenheit des Unvollkommenen. Das Gute und Schöne ist vielleicht nur zu haben, wenn wir das Ramponierte, Verfehlte, Mangelhafte, Schlimme daran teilnehmen lassen.

Das Handeln ist ernst, die Betrachtung heiter. Der moralische Sinn des Handelns empört sich über die Betrachtung der Welt und drängt sie zurück in die Ecke. Das Handeln will das Durcheinander von gut und schlecht in Ordnung bringen. Die Betrachtung stört dabei. Sie tut nichts und lässt die Dinge geschehen. Der Betrachtung tut der stille Winkel gut. Doch braucht sie die Herausforderung durch das Handeln, das nicht aufhören kann und rastlos weitermacht. Gut ist das schwierige Zusammengehen von beidem.

Für den Betrachtenden ist die Welt in Ordnung. Denn eine Welt ohne Ordnung wäre keine. Der Handelnde hingegen will sie erst schaffen. Wie aber Ordnung schaffen, wo schon Ordnung ist? Da und dort ein wenig aufräumen, nicht zu viel, sodass sich eine Ordnung immer wieder von selbst herstellen kann. Natürlich ist sie selbst nicht ganz in Ordnung. Sonst müsste man nicht gelegentlich aufräumen. Die Betrachtung mäßigt das Handeln. Zu tun gibt es immer mehr als genug.

In seine Ecke zurückgekehrt erwartet den Handelnden schon das in die Ecke Gekehrte, das Verkehrte und Verstaubte. Gibt es nicht genug

Raum, alle und alles gut unterzubringen? Warum gelingt keine Ordnung? Außen ärgert der Umweg um die Ecke, drinnen ihr Durcheinander. Woher das Durcheinander von Ordnung und Unordnung, von gut und schlecht? Die Geraden ecken an. Die krummen Wege führen zum Ziel. In den Ecken stranden die unaufgelösten Reste. Die Betrachtung kommt an kein Ende.

machen

wenden
Ich sitze in meinen vier Wänden – vielleicht sind es auch mehr – und wende mich von der Außenwelt ab. Wo ist die Welt: drinnen oder draußen? Vielleicht ist alles umgekehrt, das Große klein, das Nebensächliche wichtig. Draußen ist es laut. Worte, Bilder übertönen, überblenden, vereinfachen das Durcheinander und dringen auf mich ein. Ich muss mich zurückziehen in meine vier Wände. Ich brauche Abstand, Stille. Der Lärm dringt durch die Ritzen der Wände. Oder höre ich ihn in meinem Kopf? Draußen scheint es drunter und drüber zu gehen. Deshalb muss ich wenigstens drinnen Ordnung schaffen, aufräumen. Sonst wird es hier eng. Ich werfe Sachen weg und stelle den Müll vor die Tür. Ich kehre das Durcheinander hinaus und schleppe es immer wieder ein. Es klebt an meinen Sohlen.

Wenn ich mit dem Aufräumen fertig bin, mache ich mich ans Ausbessern der Wände. Überall sehe ich Lücken und Löcher. Doch wenn ich sie gestopft hätte, könnte ich nicht mehr durch sie hindurch sehen, was draußen geschieht. Es gäbe kein Draußen mehr und somit auch kein Drinnen. Deshalb lasse ich meine Wände besser löchrig und laut und stopfe nur notdürftig das eine oder andere.

machen

Was machst du? Ich mache mir Gedanken, wälze sie hin und her, versuche, sie einzugrenzen wie meine Bleibe. In dieser Beschränkung kann ich sie hoffentlich in Ordnung bringen. Den unvermeidlichen Rest Unordnung kehre ich nach draußen. Aber es zieht, es ist kalt, im Durchzug kann ich nicht bleiben. Die Wände sind löchrig. Ich muss sie abdichten. Darum rühre ich einen Brei an und knete einen Teig, den ich in die Löcher stopfen kann. Ich stopfe auch mein Maul, wenn der Magen knurrt. Ich stopfe Löcher. Das mache ich.

Wenn ich es recht bedenke, mache ich eine Masse, das heißt Brei oder Teig. Ich mache etwas, um Löcher zu stopfen, Lücken der Natur (Technik), der Ernährung, des Wissens, des Eigentums, der Gemeinschaft. Die Wände sind noch Zäune, durchlässige Abgrenzungen. Ich muss sie dicht machen, mit Lehm bewerfen. Statt Lehm kann ich auch Mörtel und Steine nehmen, oder ich gieße Betonbrei um Moniereisen herum. Doch ein paar Löcher müssen bleiben, die Türen und Fenster. Ich brauche frische Luft, Nahrung, Bewegungsfreiheit, aber auch einen Schutzraum. Der schränkt die Bewegungsfreiheit wieder ein. Deshalb Löcher zum Hinausschlüpfen und –schauen. Den Rest vom Brei schmiere ich anderen ums Maul, dass sie mich mögen und mir etwas abkaufen. Ich muss das Loch in meinem Portemonnaie stopfen.

Das Machen macht aus dem Abwenden, Umdrehen, Verkehren, dem Hin- und Herwälzen ein Herumrühren, Kneten und Quetschen. Das Machen ist ein Massieren. Die Masse ist nicht fest, nicht flüssig. Zäh zusammenhängend lässt sie sich formen und wird fest durchs Trocknen oder Backen. Ich bin ein Maurer und Töpfer. Ich rühre einen Brei aus Ton und Wasser und forme und erhitze ihn. Ich mache einen Topf, ein Gefäß, mit dem ich schöpfen und etwas behalten, ein Maß, mit dem ich messen kann. In dem Topf lässt sich wieder ein Brei anrühren und erwärmen. Aus dem Töpfer wird ein Koch und Bäcker.

Womöglich ist das Machen ganz am Anfang ein Matschen, Manschen und Herumschmieren. Ein Fleck entsteht, eine unbestimmte Stille. Ich male, ich mache ein Mal mit Absicht oder aus Versehen. Weiß nicht. Was ich gemacht habe, ist mir irgendwie passiert. Ich schmiere und matsche vor mich hin, kritzle Figuren, Worte, Zeichen in den feuchten Fleck, wische sie aus und kritzle darüber. Ich zeichne. Wenn die Schmiere zäh geworden ist, forme ich Figuren und verwerfe sie, bis sie mir gefallen. Kunst? Darüber vergesse ich, dass ich Löcher stopfen wollte. Die ausgebesserten Löcher sind nun Male an der Wand, weiße Flecken, die von der Einbildung gefüllt werden. Die malt die offenen Stellen aus und übermalt sie immer wieder. Sie rührt den Brei, knetet den Teig und erfindet immer neue Löcher.

klein machen

Machen heißt einen Teig machen, massieren. Menschenmassen schreien nach einem Idol, von dem sie geknetet werden wollen. Der Teig ist eine klebrige Masse, die durch Rühren und Kneten gleichmäßig gemacht wird. Mit Hefe versetzt bläht sie sich auf. Ihre festen Bestandteile aber sind gemahlen, geschrotet und gestampft. Was die Menschen machen, machen sie zuerst klein: als Plan, Skizze, Grundriss. Sie ritzen etwas in den Matsch. Dann fällen sie Bäume und zersägen sie zu Brettern und Balken, zertrümmern Felsen und hauen Steine heraus, brennen Ziegel- und Zementsteine und schneiden aus Stoffen Kleider. Was sie herstellen, ist zusammengeklebt, zusammengerührt, -genäht, -genagelt, -geschraubt, -geschweißt. Das Machwerk ist ein Stückwerk.

Feste Nahrung muss ich zerbeißen, meine Zähne schneiden und mahlen sie, dass ich sie schlucken und verdauen kann, mein Biss ist immer nur ein bisschen vom Ganzen. Das Ganze ist zu viel. Ich muss es in Stücke zerlegen. So habe ich an Stelle des Ganzen Teile und Trümmer. Die aber sind lose und geraten leicht durcheinander. Darum die Unordnung. Wenigstens in meinen vier Wänden will ich Ordnung halten, und es gelingt mir nicht. Immer wieder kehre ich Trümmer und Reste nach draußen. Die wahre Ordnung müsste das Geordnete wie das Durcheinander gleichermaßen umfassen. Aber auch die Ordnung ist nur Stückwerk und kommt anderen Ordnungsvorstellungen in die Quere. Manchmal lassen wir uns bekneten, alles zusammenzurühren, und werden am Ende selbst eingerührt.

Im Machen steckt die Lust am Kaputtmachen. Ich bin hier, und was da ist, muss nicht da bleiben. Ich zerstöre es und baue aus den Stücken etwas Neues, das viel besser ist. Den Schutt lasse ich abtransportieren. Ich bin stärker als meine Umgebung und versuche, ihr meinen Willen aufzuzwingen. Ich will sie nach meiner Vorstellung gestalten, aus einem Teig kneten, aber erst einmal einstampfen und etwas Flüssigkeit zugeben.

Doch ich bin nicht allein, andere kommen mir dazwischen. Ich muss sie klein machen oder bekneten. Der Widerstand des Materials und der Menschen ist härter als erwartet. Ich verliere Zeit und Geld, muss mich mit weniger begnügen. Das Machwerk wird anders als geplant. Zuviel ist schiefgelaufen. Das Geschehen ist stärker als mein Wille. Es macht mich klein.

Darum, meint Burke, lieben die Menschen nicht das Übermächtige und Erhabene. Es jagt ihnen Schrecken ein. Sie lieben das Kleine, Feine, Niedliche. Das finden sie schön. Man kann es ohne Gefahr in den Arm oder in die Hand nehmen. Es fühlt sich angenehm an, glatt und weich, auch wenn es fest und hart ist. Man trägt es in der Handtasche mit sich herum oder in der Hosentasche, ein Zigarettenetui, einen Handspiegel, Lippenstift, Taschenmesser, Portemonnaie, Handy.

Was ich nicht kleinkriege, rede ich klein, das Schicksal, das Unglück. Sprichwörter, fromme Sprüche, philosophische Sentenzen habe ich im Notfall zur Hand wie ein Taschenmesser gegen große Probleme. Mit Geld in der Tasche kann man sich aus vielen Schwierigkeiten freikaufen. Glück ist unverkäuflich. Was käuflich ist, wird zwangsläufig kleiner: erreichbar, austauschbar.

Geld geht letztlich immer noch auf Besitz und Eigentum. In dem sitze ich und mache einen Zaun herum. Aus den Zäunen werden Mauern und Wände. Doch eigentlich bin ich mobil, unterwegs und brauche keine feste Bleibe. Mein Leben ist vorübergehend. Was ich brauche, benötige ich nur bis auf Weiteres. Da kommt das Handy in der Tasche meinem Geld zu Hilfe. Ich brauche eine Bleibe für die Nacht. Das Smartphone besorgt sie mir und führt mich dorthin. Es verbindet mich mit allem, was ich brauche oder vorübergehend haben will. Ich brauche und werde gebraucht. Ich zahle mit Geld und Informationen. Ich bin ein Haufen Daten geworden, der sich weiterverkaufen lässt, kleiner gemahlen als die Steinchen (*calculi*), mit denen die alten Römer rechneten.

quetschen

Aber noch bin ich saftig, trinke und schwitze. Wenn die Haut aufplatzt, fließt Blut. Ich teile meine Arbeit in Portionen und stückle sie zusammen. Ich reiße Wörter, Sätze, Gedanken aus Büchern und Gesprächen heraus, mache sie klein und rühre sie mit Saft zusammen. Den presse ich frisch aus Lesefrüchten. Der Kuchen soll schmecken.

Überall ist Gewalt im Spiel: gegen die Sprache, die Dinge, Lebewesen, Menschen. Drohung und Einschüchterung steigern sich unversehens zu Verdrängung, Vertreibung, Verletzung, Zerstörung. Wer Macht hat, kann kaum von ihr lassen und hält sie mit Gewalt fest. Der Staat versucht, die Gewalt zurückzudrängen, indem er sie für sich allein beansprucht und diesen Anspruch nötigenfalls mit Gewalt durchzusetzen versucht. Doch die Gewalt ist zu flüssig und flüchtig, als dass sie sich einfangen ließe vom Staat, von der Moral oder der Höflichkeit.

Bevor die Gewalt auf meinen Körper trifft und in ihn eindringt, schränkt sie meinen Spielraum ein und nimmt mir die Bewegungsfreiheit. Der Bus ist schon voll, aber immer noch drängen sich Leute hinein, ich unter ihnen. Alle drücken und werden gedrückt. Der Druck wird weitergereicht. Es pressiert. Zeitdruck, Geldnot, Ungeduld, Ehrgeiz. Warum einen Bus nehmen, in dem schon viel zu viele sind? Bilder dringen in meine Fantasie ein und tyrannisieren sie. Töne bleiben quälend in meinen Ohren hängen. Schlagworte trommeln auf mich ein.

Straßen, Plätze, alles überfüllt. Ich komme nicht voran, ich bleibe stecken. Alles geht zu langsam. Die Masse ist zäh. Das Kneten wird zum Quetschen. Ich muss die anderen drücken und beiseitedrängen. Ich muss mich selbst ausquetschen. Ohne Druck kann ich schon nichts mehr zustande bringen. Ich bin in Bedrängnis. Ich muss mich zurückziehen und schleppe die Gewalt in meine vier Wände ein. Die Ordnung, die Gedanken, die ich mir mache, sind selbst willkürlich und gewaltsam. Was nicht in sie hineinpasst, wird hineingequetscht oder herausgeschmissen. Friedlich ist erst eine Form von Durcheinander, die verschiedene Ordnungen toleriert und immer noch Bewegungsfreiheit lässt. Mir aber fällt die Decke auf den Kopf.

nichts machen

Bloß weg hier! Ich fühle mich ausgequetscht. Die Wände sind löchrig. Durchzug. Ich fließe aus und will nicht eingerührt werden in die große Masse, in einen maschinell gerührten Datenbrei. Ich muss mich absetzen, abwenden, abkapseln. Ich baue meine Bleibe um zu einer Tonne, einem Fass. Da gibt es keine undichten Stellen mehr und Ecken, in denen sich die Unordnung sammelt.

Jetzt hocke ich nicht mehr in meinem Schädel, sondern im Bauch, das Fass um mich herum. Mittendrin stecke ich und mache nichts, genieße das Nichtstun, die Muße. Das Ich verdampft im Backofen oder wird in der Maische vergoren. Die Maische schäumt auf. Die Trübnis weicht nach einer Weile. Der Saft wird klar und schmackhaft. Bakterien arbeiten für mich, winzige Wesen, fast nichts. Ich bin die Tonne, in der sie siedeln, Zucker naschen und daraus Weingeist machen. Der steigt mir in den Kopf und vertreibt die Niedergedrücktheit. Beschwingtheit kommt auf, Begeisterung. Aber sie hält nicht an. Der Rausch verfliegt, die Illusion von Klarheit, Witz und Großartigkeit. Der Geist ist nüchtern. Er muss also schon vor dem Rausch dagewesen sein. Doch spürte ich ihn erst, als er mir zu Kopf gestiegen war. Ohne ihn kein Verkehr in diesem Durcheinander. Er kehrt es zu einer passablen, provisorischen Bleibe zusammen und schafft darin Spielraum, Freiheit,

Zuwendung unter Abgewandten. Dabei macht er nichts. Er lässt geschehen. In der Tonne bin ich bei ihm, und mir wird klar, wohin das drängt, was ich gemacht habe. Der zähe Brei, die dichten Wände werden durchlässig. Durchzug, frische Luft. Endlich!

Anmerkungen

1 Seneca, *Briefe an Lucilius* 28,2.
2 Pascal, *Pensées* 136.
3 Cicero, *Gespräche in Tusculum*, Buch III 33 f.
4 »*Initium est salutatis notitia peccati.*«, Seneca, *Briefe* 28,9.
5 Nietzsche, *Zur Genealogie der Moral* I 12–14; III 14–19.
6 Nietzsche, *Also sprach Zarathustra* III, »Vom Vorübergehen«.
7 Nietzsche, *Die fröhliche Wissenschaft* IV.
8 Hegel, *Enzyklopädie der philosophischen Wissenschaften*, § 382, mündlicher Zusatz.
9 Nietzsche, *Die fröhliche Wissenschaft* III, 125.
10 Pascal, *Pensées* 199.
11 Daniel, Kapitel 3.
12 Nietzsche selbst hat wohl das Blutwunder im Blick, wenn er dem Januar in Genua das Auftauen seiner vereisten Seele zuschreibt.
13 Alex Stock (Hg.), *Lateinische Hymnen*, S. 179.
14 Heinrich Wölfflin, *Kunstgeschichtliche Grundbegriffe*.
15 Robert Lerner, *The heresy of the free spirit in the later middle ages*.
16 Lukrez, *Von der Natur* II 217 ff.
17 Paulus, Epheser 4,24.
18 Johannes 3,8.

19 Henri de Saint-Simon, *Lettres à les Jurés*, S. 422.
20 Henri Bergson, *Das Lachen*, S. 15.
21 Friedrich Schlegel, *Über das Studium der griechischen Poesie 1795–1797*, S. 158.
22 Hannes Böhringer, »Bungalow«, S. 19.
23 Cicero, *Orator*, 76: »*sucum aliquem oportet*«.
24 François Jullian, *Über das Fade – eine Eloge*.
25 Pascal, *Pensées* 24.
26 *Des Knaben Wunderhorn*, S. 1139.
27 Martin Heidegger, »Die Zeit des Weltbildes«, *Holzwege*, S. 100.
28 Bernard Groethuysen, »Les paradoxes de l'histoire de la philosophie«, in: ders., *Philosophie et histoire*, S. 275 ff.
29 Platon, *Menon*, 97a ff.
30 Cicero, *Gespräche in Tusculum* III, 24.
31 Jost Trier, *Wege der Etymologie*, S. 143 f.
32 Joachim Ritter, »Die Aufgabe der Geisteswissenschaften in der modernen Gesellschaft«, in: ders., *Subjektivität*, S. 131.
33 Carl Schmitt, *Der Begriff des Politischen*, S. 83.
34 »Pathologisch« sagt Jacob Burckhardt in der Einleitung zu seinen *Weltgeschichtlichen Betrachtungen* (1905).

Literatur

Arnim, Achim von und Brentano, Clemens (Hg.), *Des Knaben Wunderhorn*, Frankfurt a. M. 2003.

Auerbach, Erich, *Mimesis. Dargestellte Wirklichkeit in der abendländischen Literatur*, Berlin 1982.

Bergson, Henri, *Das Lachen*, Zürich 1972.

Böhringer, Hannes, *Harte Bank*, Berlin 2004.

Brinkmann, Henning, *Die deutsche Sprache. Gestalt und Leistung*, Düsseldorf 1971.

Burke, Edmund, *Vom Erhabenen und Schönen*, Hamburg 1989.

Burckhardt, Jacob, *Weltgeschichtliche Betrachtungen. Über das geschichtliche Studium*, München 1978.

Cassien, Jean, *Conférences*, Bd. 1, Paris 1955, S. 108–137.

Čechov, Anton, »Kleiner Scherz«, in: ders., *Angst. Sieben Geschichten von der Liebe*, Berlin 1996, S. 7–12.

Cicero, Marcus Tullius, *Gespräche in Tusculum*, München 1970.

– *Orator. Der Redner*, Stuttgart 2004.

Deacon, Terrence W., *The Symbolic Species. The coevolution of language and the brain*, New York, London 1997.

Deleuze, Gilles, *Die Falte. Leibniz und der Barock*, Frankfurt a. M. 2000.

Descartes, René, *Discours de la Méthode. Von der Methode*, Hamburg 1969.

Deutsches Wörterbuch von Jacob und Wilhelm Grimm, München 1999.

Falk, Dean, *Wie die Menschheit zur Sprache fand. Mütter, Kinder und der Ursprung des Sprechens*, München 2009.

Fénelon, François, »Über die Einfachheit, ihre Übung und ihre verschiedenen Grade«, in: ders., *Geistliche Werke*, Düsseldorf 1961, S. 267–276.

Grimmelshausen, Hans Jakob Christoffel von, *Simplicius Simplicissimus*, München 1970.

Groethuysen, Bernard, *Philosophie et histoire*, Paris 1995.

Hadot, Pierre, *Plotin ou la simplicité du regard*, Paris 1973.

Hamann, Johann Georg, *Sokratische Denkwürdigkeiten. Aesthetica in nuce*, Stuttgart 1968.

Heidegger, Martin, *Holzwege*, Frankfurt a. M. 1963.

– *Unterwegs zur Sprache*, Pfullingen 1986.

Hegel, Georg Wilhelm Friedrich, *Enzyklopädie der philosophischen Wissenschaften*, in: ders., *Werke in zwanzig Bänden*, Bd. 8–10, Frankfurt a. M. 1970.

Henn, Claudia, *Simplizität, Naivität, Einfalt*, Zürich 1974.

Hopkins, Gerald Manley, *Geliebtes Kind der Sprache. Gedichte*, Nimrod Förlag 2009.

Humboldt, Wilhelm von, *Über die Verschiedenheit des menschlichen Sprachbaus*, in: ders., *Werke*, Bd. 3, Darmstadt 1979.

Jullien, François, *Über das Fade*, Berlin 1999.

Kleist, Heinrich von, »Über das Marionettentheater«, in: ders., *Sämtliche Werke und Briefe*, Bd. 2, München 1984, S. 338–345.

Kues, Nikolaus von, *Idiota de mente / Der Laie über den Geist*, in: ders., *Philosophisch-Theologische Werke*, Bd. 2, Hamburg 2002.

Lerner, Robert, *The heresy oft the free spirit in the later middle ages*, Berkeley, Los Angeles, London 1972.

Lorca, Federico, »Die Kinder-Schlummerlieder«, in: ders., *Prosa*, Göttingen 2013, S. 65–88.

Lukrez, *Von der Natur*, München 1993.

Milne, A. A., *Winnie-the-Pooh*, Stuttgart 1988.

Mach, Ernst, »Die Ähnlichkeit und die Analogie als Leitmotiv der Forschung«, in: ders., *Erkenntnis und Irrtum*, Darmstadt 1980, S. 220–231.

Nietzsche, Friedrich, *Über Wahrheit und Lüge im außermoralischen Sinn*, in: ders., *Sämtliche Werke. Kritische Studienausgabe in 15 Bänden*, Bd. 1, München 1980.

– *Also sprach Zarathustra*, in: *Sämtliche Werke*, Bd. 4.

– *Die fröhliche Wissenschaft*, in: *Sämtliche Werke*, Bd. 3, S. 343–651.

– *Zur Genealogie der Moral*, in: *Sämtliche Werke*, Bd. 5, S. 250–412.

Parmenides, *Vom Wesen des Seienden. Die Fragmente*, Frankfurt a. M. 1969.

Pascal, Blaise, *Pensées*, Paris 1962.

Pfeifer, Wolfgang, *Etymologisches Wörterbuch des Deutschen*, München 2003.

Platon, *Menon*, in: ders., *Werke*, Bd. 2, Darmstadt 1973, S. 505–599.

Plessner, Helmuth, *Die Stufen des Organischen und der Mensch*, Berlin, New York 1975.

Plotin, »Das Gute (das Eine)«, in: *Plotins Schriften*, Bd. 1, Hamburg 1956, S. 171–207.

Ritter, Joachim, *Subjektivität*, Frankfurt a. M. 1974.

Rosenzweig, Franz, *Der Stern der Erlösung*, Frankfurt a. M. 1990.

Rulfo, Juan, »Macario«, in: ders., *Der Llano in Flammen*, Frankfurt a. M. 1999, S. 7–12.

Saint-Simon, Henri de, *Œuvres*, Paris 1966.

Schalamow, Warlam, »Durch den Schnee«, in: ders., *Durch den Schnee. Erzählungen aus Kolyma I*, Berlin 2007, S. 7–8.

Schiller, Friedrich, »Über Anmut und Würde«, in: ders., *Werke in drei Bänden*, Bd. 2, Darmstadt 1984, S. 382–424.

– »Über naive und sentimentalische Dichtung«, in: ders., *Werke in drei Bänden*, Bd. 2, S. 540–606.

Friedrich Schlegel, *Über das Studium der griechi-*

schen Poesie 1795–1797, hg. von Ernst Behler, Paderborn, München 1981.

Schmidt, Rudolf T. et al., *Die Grammatik der Stoiker*, Wiesbaden 1979.

Schmitt, Carl, *Der Begriff des Politischen*, Berlin 1963.

Seneca, L. Annaeus, »90. Briefe an Lucilius «, in: *Philosophische Schriften*, Bd. 4, Darmstadt 1984, S. 341–373.

Seneca, L. Annaeus, »28. Brief an Lucilius«, in: *Philosophische Schriften*, Bd. 3, Darmstadt 1974, S. 235–241.

Spiewok, Wolfgang (Hg.), *Freidanks Bescheidenheit*, Leipzig 1985.

Stock, Alex (Hg.), *Lateinische Hymnen*, Berlin 2012.

Trier, Jost, *Lehm*, Marburg 1951.

– *Wege der Etymologie*, Berlin 1981.

Vico, Giambattista, *Die neue Wissenschaft über die gemeinschaftliche Natur der Völker*, München 1924.

Weinrich, Harald, *Textgrammatik der deutschen Sprache*, Hildesheim, Zürich 2003.

Winckelmann, Johann Joachim, *Gedanken über die Nachahmung der griechischen Werke in der Malerei und Bildhauerkunst*, Stuttgart 1977.

Wölfflin, Heinrich, *Kunstgeschichtliche Grundbegriffe*, Basel, Stuttgart 1984.

Drucknachweise:

»Frische Luft«, in: *Lettre International* 114 (2016), S. 111–113.

»Einfach«, in Hannes Böhringer, Axel Kufus, Hans Hansen (Hg.), *einfach*, Berlin 2009, S. 10–19.

»Wer da?«, in: *Merkur* 806 (2016), S. 95–97.

»Leben im Dativ«, Vortrag in Hellerau 2019, unveröffentlicht.

»Der Lieferant«, in: *Paragrana* 26 (2017), S. 28–36.

»Die Sprache tropft«, in: *Lettre International* 117 (2017), S. 11–15.

»aua«, unveröffentlicht.

»Das Geländer«, in: Jörg Gleiter, Ludger Schwarte (Hg.), *Architektur und Philosophie*, Bielefeld 2015, S. 177–183.

»Die Ecke«, in: Sebastian Feldhusen, Ute Poerschke (Hg.), *Theorie der Architektur. Zeitgenössische Positionen*, Gütersloh Berlin 2017, S. 290–298.

»machen«, in: Brigitte Franzen (Hg.), *14. Triennale Kleinplastik Fellbach*, London 2019, S. 379–385.

Erste Auflage Berlin 2021

MSB Matthes & Seitz Berlin
Verlagsgesellschaft mbH
Göhrener Str. 7 | 10437 Berlin
info@matthes-seitz-berlin.de

Satz: Monika Grucza-Nápoles, Berlin
Druck und Bindung: Art-Druk, Szczecin
Umschlaggestaltung nach einer Idee von
Pierre Faucheux
ISBN 978-3-95757-954-6